# LES
# DROITS DE L'ENFANT

# LES DROITS

DE

# L'ENFANT

PAR

## MARIA DERAISMES

PARIS

E. DENTU, ÉDITEUR

LIBRAIRE DE LA SOCIÉTÉ DES GENS DE LETTRES

PALAIS-ROYAL, 15-17-19, GALERIE D'ORLÉANS

1887

# AVANT-PROPOS

Depuis quelque temps, la presse fait défiler devant nos yeux toute une série d'actes abominables accomplis par des parents sur leurs enfants. C'est de leurs générateurs, de leurs protecteurs naturels que ces infortunés petits êtres sont victimes, eux qui n'ont pas réclamé la vie !

Sans doute, ces faits monstrueux ne sont pas nouveaux. De tous les temps, les types de parâtres et de marâtres ont toujours offert un trop grand nombre de spécimens.

Aujourd'hui que rien ne se passe guère sans être consigné et divulgué par les journaux, répandus à des millions d'exemplaires, ces faits nous semblent s'être augmentés ; tandis qu'en réalité, auparavant, la plupart échappaient à la connaissance publique faute d'être mis en lumière.

1.

La réaction assure que si la criminalité, dans toutes ses variétés, prend de l'extension, surtout en France, c'est grâce au régime républicain qui lâche la bride à tous les appétits.

Or, il arrive que si la criminalité s'étend, notre pays n'a pas, en cette matière, le triste avantage de l'emporter sur tous les autres, comme le prétendait un certain M. Starke, conseiller à la Cour suprême de Berlin. C'est le contraire qui est vrai. Et M. Illing, autre conseiller — conseiller intime, celui-ci — vient de détruire l'édifice mensonger de son quasi-collègue et compatriote, en établissant avec des statistiques officielles, que, loin de diminuer, les crimes de toute nature s'augmentent en Prusse avec une rapidité effrayante. La France, elle-même, est distancée.

Ainsi, depuis 1876, dans la nation des *bonnes mœurs et de la grande vertu,* il y a une progression de 65 à 83 pour 100 dans les crimes. Quant à la *pudique* Albion, le *Pale-Male Gazette* nous a appris de quelle façon elle protège l'enfance et la jeunesse.

Au résumé, le niveau de moralité doit être à peu près le même partout : la civilisation générale reposant sur les mêmes bases.

Jusqu'ici, quelques étiquettes sont seulement différentes, mais les fondations restent quasi semblables. La moralité est en raison du degré de justice atteint; et c'est précisément par la justice que toutes nos sociétés pèchent.

Ceci dit, revenons aux enfants.

Ces crimes trop fréquents, et dont le seul récit ferait prendre en horreur l'humanité, capable de produire les monstres qui les commettent, sont, tout à la fois, les plus odieux et les plus honteux.

Les plus odieux, puisqu'ils violent la loi naturelle dans ce qu'elle a de plus impérieux et de plus sacré ; car si le sentiment de solidarité est d'une application facile, c'est bien là. L'accomplissement du devoir n'a plus besoin de la pression du législateur; il est instinctif, spontané, irrésistible, et répond aux aspirations les plus intimes et les plus profondes du cœur.

Les plus honteux, parce que leurs hypocrites auteurs non seulement s'acharnent sur un être sans défense, mais encore parce qu'ils se gardent, pour mieux assurer leur impunité, de se débarrasser de leur malheureux enfant par un seul coup violemment donné, et qu'ils adoptent, de préférence, le système des mauvais traitements quotidiens. Ils font alors subir à cette faible créature un long martyre qui amène nécessairement sa destruction dans un délai plus ou moins considérable. Ils espèrent ainsi n'être ni soupçonnés, ni inquiétés, et joignent la lâcheté à la barbarie.

Lorsque, avant de réussir dans leur infâme projet, des voisins plus vigilants, plus attentifs, plus humains que d'autres, en prêtant attention, ont été les témoins auditifs de ces sévices journaliers, et qu'ils ont, sans crainte de s'attirer des ennuis, porté plainte au commissaire du quartier, les parents arrivent en correctionnelle. Convaincus d'avoir, par des corrections réitérées et cruelles, meurtri le corps de leurs enfants et compromis leur santé, ils s'abritent sous le couvert de la puissance paternelle qui leur confère le droit de correction sans contrôle. Investis de ce droit, ils ont, disent-ils, le choix des moyens de coercition à employer pour redresser leurs enfants, former leur caractère et combattre en eux les instincts pernicieux.

Il n'est pas rare de voir un tribunal agréer ces explications et acquitter les prévenus, en leur adressant toutefois une réprimande. Si une condamnation est prononcée, elle est si légère, si

dérisoire que les parents peuvent vraiment se
payer, à peu de frais, le plaisir de la récidive, l'enfant continuant de rester sous leur autorité.

S'il y a cadavre, et qu'il soit avéré que la mort
de l'enfant est due au régime de torture qu'on lui
a infligé, les parents déclarent qu'ils n'ont eu aucune intention de tuer leur enfant. Ils protestent
contre cette accusation. En agissant comme ils
l'ont fait, ils ont cru simplement devoir recourir
à une extrême sévérité — c'est ainsi qu'ils qualifient leur crime — pour venir à bout de l'humeur indisciplinable de l'enfant et de ses vices précoces, etc.

La plupart du temps, le tribunal prend en considération cette façon de se défendre. Au lieu de se
déclarer incompétent et de renvoyer l'affaire en
cour d'assises, il admet les circonstances atténuantes; et comme le maximum de la peine en
police correctionnelle est de trois ans, il applique
le plus souvent la peine inférieure.

C'est ainsi que, récemment, une misérable marâtre qui, depuis des années, séquestrait son fils,
âgé de 7 ans, dans une armoire, le frappait avec
des instruments contondants, le couvrait d'ecchymoses et de brûlures, lui arrachait les cheveux, le

privait de nourriture, si bien que la victime succomba peu de jours après son transport à l'hôpital; c'est ainsi, dis-je, que cette odieuse créature se targua de son autorité maternelle, et qu'elle afficha la plus cynique arrogance. Elle n'a été condamnée qu'à *3 ans* de prison, maximum du tribunal correctionnel.

C'était devant la cour d'assises qu'elle eût dû comparaître.

A peu près à la même date, un père, accusé des mêmes méfaits, a gardé, lui aussi, devant les juges une attitude révoltante d'outrecuidance.

Nous le voyons, la puissance paternelle donne lieu à de fausses interprétations de la part des accusés et de la part de ceux qui les jugent.

Mais ce qu'il y a de plus choquant, c'est que cette législation, si indulgente devant l'assassinat commis sur un enfant conscient, devient, tout à coup, des plus rigoureuses quand il s'agit d'avortement ou de manœuvres abortives. Les incriminés vont en cour d'assises, où le minimum de la peine est de cinq ans, et le maximum de dix ans.

De là, on pourrait inférer qu'empêcher un enfant de naître est un plus grand crime que de le tuer quand il est né.

Il nous semble difficile d'établir une balance entre deux crimes de degré si différent. Comparerons-nous, une minute, l'anéantissement d'un fœtus informe, dépourvu de vie propre, de sentiment, de connaissance, au meurtre rapide ou lent d'un être définitivement constitué, en plein développement et en pleine conscience de son existence.

Dans le premier cas, il est permis d'alléguer, pour la défense, que le germe que l'on a détruit pouvait être arrêté dans sa voie de formation par un accident pathologique durant la gestation, période où il est entièrement subordonné à l'état physique et moral de la mère. De plus, on peut encore faire valoir que la femme, en essayant l'avortement, court les plus grands dangers et risque elle-même sa vie. Tandis que, dans le second cas, la mère est absolument indemne.

On me dira que la loi, toujours équitable, sait faire la part de chacun, et qu'elle est disposée, selon les conditions dans lesquelles s'est passé le délit, à l'indulgence envers la femme, et que toutes les rigueurs sont portées sur ceux qui ont pratiqué les manœuvres abortives.

Eh bien ! je ne crains pas de le dire, si coupables

que soient les individus qui exercent un si hideux métier, ils ne le sont jamais à l'égal de ceux qui tuent volontairement une créature formée, faite et issue d'eux-mêmes.

Il faut reconnaître que les personnes qui se vouent à l'obstétrique sont, à tout instant, sollicitées d'employer les connaissances de leur art en sens contraire à la nature. Souvent même des sommes d'argent considérables leur sont offertes. Et comme, chez certaines gens, la conscience n'est pas incorruptible, ils se rassurent par ce fallacieux raisonnement : En quoi sommes-nous si criminels ; que faisons-nous de plus que tant d'autres ? L'observance de la contrainte morale, dont beaucoup se vantent, n'est-elle pas un obstacle à la procréation ? Et qui donc songe à considérer cette réserve comme un crime ? Nous ne faisons que détruire une possibilité d'être ; car avant d'arriver à l'existence, le fœtus doit passer par des phases successives et graduées dont il peut parfaitement ne pas sortir. Il n'y a donc dans notre acte ni infanticide ni homicide. En l'accomplissant, nous avons cédé aux supplications d'une malheureuse qui agissait en connaissance de cause, et qui est seule responsable.

Le sens moral une fois oblitéré, tout va à la dérive.

Nous le répétons, la loi est illogique et manque de proportions dans les deux pénalités.

Il est certain que si les liens du sang, de la chair, dans leurs rapports les plus immédiats, ne suffisent pas à rendre chers les êtres qu'on a soi-même procréés ; si la mission de paternité et de maternité est à charge et qu'on veuille, à tout prix, s'y soustraire ; comment pourra-t-on espérer plus de scrupule de la part d'étrangers indifférents et cupides.

Il n'est donc pas étonnant, si la famille manque si fréquemment à son mandat envers l'enfant, de voir la société suivre le même exemple et exploiter l'enfant jusqu'à extinction et à son profit, dominée, elle-même, par des intérêts multiples.

Le drame de Porquerolles, pénitencier privé, corrobore le jugement que je porte. A l'exploitation excessive des enfants, contraints à un travail que ne supporteraient pas des adultes, s'est joint un système de châtiments et de répression dignes de marcher de pair avec les épouvantables traitements que l'antiquité faisait subir à ses esclaves ; l'habitude étant prise de disposer de l'enfant comme d'un instrument, dès que l'autorité paternelle ne s'y oppose pas.

Nous le constatons, l'enfant n'aura vraiment de

garanties dans la famille et dans la société que lorsqu'on aura revisé le Code, et qu'on aura substitué à la puissance paternelle la protection avec la suppression de corrections arbitraires.

Déjà l'instruction obligatoire a entamé la puissance paternelle; elle a forcé celle-ci à reconnaître une autorité supérieure à la sienne, celle de la République, qui, s'appuyant sur les principes de solidarité, d'égalité et de liberté, exige que chacun des membres la composant ait sa part de lumière et parvienne à son entière éclosion physique et morale.

Quand cette réforme urgente sera faite et que l'opinion publique sera pénétrée de son efficacité, la loi de 1874, dont l'objet est de protéger les enfants du travail, aura sa complète application.

Ces idées, que j'exprimais en 1876, salle Taitbout, dans une conférence sur les *Droits de l'enfant*, faite en faveur de l'école laïque du IX<sup>e</sup> arrondissement, ont malheureusement toujours la même actualité et les abus les plus révoltants continuent de se produire. C'est pour cette raison que je crois utile de la publier, la situation s'étant, en somme, peu modifiée. J'y joins un appendice où l'on trouvera, à propos de l'observance de la loi de 1874 dans

les fabriques et usines, des renseignements intéres-
sants puisés dans les rapports annuels de la commission supérieure du travail des enfants et des
filles mineures, et présentés à M. le Président de
la République. Je dois ces documents et divers
autres à l'obligeance de M. de Hérédia, député,
membre de la commission supérieure, dont l'activité, la haute compétence et le profond dévouement sont acquis à cette grande cause.

A la suite de cette conférence, je publie un discours sur la *Dépopulation* et la *Natalité*, que j'ai
prononcé au théâtre des Gobelins, en 1883, au
profit de la crèche du XIII° arrondissement, sous
la présidence de M. Cantagrel, député de la Seine.

Ces deux questions se rattachant par des liens
étroits, personne ne peut y rester indifférent; car
de leur solution dans le sens de la justice et de
l'humanité dépendent notre salut et le progrès
social.

Maria Deraismes.

# LES DROITS DE L'ENFANT

Messieurs, Mesdames,

C'est un devoir grave et austère qui m'amène aujourd'hui devant vous. J'ai pris à tâche de vous parler des droits de l'enfant. Du reste, je ne sache pas de sujet mieux approprié à la circonstance qui nous réunit ici (1).

Certes je n'ai pas la prétention d'avoir, en cette matière, ni l'honneur de l'initiative, ni celui de la supériorité; car j'ai été précédée, dans cette voie, par tout un cortège d'esprits distingués, d'âmes d'élite qui se sont faits les champions et les défenseurs de cette noble cause, sans obtenir, il est vrai, et cela est triste à avouer, de satisfaisants résultats.

Loin de me décourager cela m'engage, puisqu'il est convenu que les idées les plus nettes, les plus claires, les plus saines, les vérités les plus évidentes

(1) Conférence de décembre 1876, au profit de l'école laïque du IXe arrondissement, salle Taitbout.

2.

s'imposant le plus à la raison sont justement celles qui soulèvent le plus d'oppositions et rencontrent le plus de résistances. Comme l'expérience nous démontre qu'il faut toute une série de siècles pour qu'elles arrivent à être rangées parmi les théories possibles, et toute une autre série de siècles, peut-être encore plus longue que la première, pour qu'elles soient enfin considérées comme étant susceptibles de quelque application, je n'hésite plus, je me décide.

En effet, si la propagation et la vulgarisation des vérités et des principes usent tant de temps et tant d'existences, la mienne n'est pas de trop. Je m'empresse donc de m'inscrire au nombre des participants à cette œuvre de revendications successives, et je réclame une modeste place sur cette échelle d'efforts et de protestations continus du droit de l'enfant. D'ailleurs, cette question ne peut être débattue en temps plus opportun.

Il est certain qu'à l'heure présente, nous attendons tout des jeunes générations. Car il ne faut pas se faire d'illusion, les générations faites ont pris leur pli et peuvent difficilement en changer; elles comprennent une foule d'esprits incurables de la part desquels toute transformation est inespérée. Ce sont donc des plants nouveaux, des pousses nouvelles qui doivent réaliser, dans un avenir que nous aimons à croire prochain, ce que nous n'aurons fait que rêver et à peine entrevoir. Arrivés au bout de notre système caduc, nous ne pouvons léguer à nos neveux que l'immense désir d'en sortir et d'en garder le moins possible.

L'enfant est donc notre espérance, notre arche de salut; il nous apparaît, à l'horizon, comme le réparateur de nos fautes, de nos erreurs, de nos défaillances. L'enfant n'est-il pas la substance des sociétés, la matière première qui n'a encore été altérée par aucun alliage; l'argile malléable disposée à recevoir et à conserver l'empreinte que saura lui donner la main la plus habile. C'est pourquoi aucune étape de l'enfance ne doit nous laisser indifférents. Nous n'ignorons pas que le développement moral est sous la dépendance du développement physique, et que l'appareil cérébral ne se forme et ne se façonne que dans certaines conditions d'hygiène et d'éducation.

Oui, c'est le début de la vie, ce sont les premières années qui décident, le plus souvent, du tempérament de l'individu, de son caractère et conséquemment de la nature de son action sur la société.

L'enfant doit donc être l'objet de toutes nos sollicitudes. Nous avons tout intérêt à ce que l'être qui nous succédera un jour apporte à notre œuvre un concours actif et éclairé. Jamais il n'a été plus urgent de s'occuper attentivement de l'enfance, de préparer sainement ses destinées, et de la sauver de l'arbitraire des volontés et des lois.

Sans doute, en théorie, cette sollicitude existe,

elle a ses formules émues et attendries. En fait, elle est nulle.

C'est ce qui est à démontrer.

En 1869, M. Émile Acollas, le savant jurisconsulte, fit paraître une brochure sur l'*Enfant né hors mariage*. Cette brochure fit grand bruit; elle agita les esprits et remua les consciences. Romanciers, journalistes, dramaturges s'emparèrent de la thèse qu'avait brillamment soutenue l'éminent professeur de droit. Tous se rangèrent de son avis, à peu d'exceptions près. Et nous sommes à même de dire que, depuis, cette thèse n'est pas tombée dans l'oubli; elle est restée en circulation.

L'auteur, dans cet opuscule, plaidait, avec la science et l'érudition qu'on lui connaît, la recherche de la paternité. Il protestait au nom de 50,000 enfants naturels qui naissent, chaque année, dans notre beau pays de France, conséquemment au nom de 1,500,000 Français, total résultant de l'accumulation des susdits effectifs annuels. 1,500,000 Français victimes des adorateurs exclusifs de la débauche, du plaisir et de l'égoïsme; 1,500,000 Français privés d'état civil et partant de là, en butte toute leur vie, aux difficultés, aux vexations et aux humiliations qu'occasionne à un individu l'illégalité de son origine. Il faisait ressortir l'infériorité de notre législation relativement aux législations étrangères. En Angleterre, en Allemagne, en Suisse, en Belgique, la recherche de la

paternité est admise avec plus ou moins de res-
trictions ou d'extension il est vrai; mais elle est
en vigueur.

Quand sur une question aussi essentielle, notre
pauvre France est si arriérée, nous pouvons lui
demander à quoi a servi la Révolution avec sa déclaration des droits de l'homme. Les droits de
l'homme, fort bien; mais à quelle époque de sa vie
pourra-t-il les faire valoir et en être le bénéficiaire ?
Concevez-vous d'abord qu'il y ait quelque part des
droits de l'homme sans qu'il y ait des droits de
l'enfant ? Mais l'enfant, c'est le début de l'homme.

A la fin du xviii° siècle, il se passa un fait sans
précédent dans l'histoire. Sur un point de la terre,
dans un coin du globe, un acte s'accomplit qui
n'avait pas seulement une portée locale, nationale,
mais qui avait en plus une portée universelle.
Pour la première fois dans le monde, l'humanité
s'affirmait; elle proclamait son autonomie en rédi-
geant la déclaration des droits de l'homme qui
est la base, l'assise du nouvel édifice social. C'est
l'avènement de la loi dans les sociétés; la loi suivant la justice. C'est toute la Révolution française.

Cet acte solennel a-t-il reçu une entière application, a-t-il été poussé jusque dans ses dernières
conséquences? Voilà la question. Sans doute, ces
droits diffèrent entre eux. L'enfant est créancier
et il a droit au développement intégral de ses facultés physiques et morales. Or, la recherche de

la paternité est la première application du droit de l'enfant.

Un enfant naît, d'autres volontés que la sienne l'ont appelé à la vie, que dis-je, la lui ont imposée. Il arrive nu, indigent, désarmé, incapable, enfin, d'agir par lui-même. Il est dans l'ordre, dans la justice qu'il retombe à la charge de ceux qui ont provoqué sa venue, de ses auteurs en somme. Et que si ceux-ci se dérobent à cette obligation naturelle, la loi les mette en demeure de s'exécuter.

Comme l'enfant est dénué d'action et de coercition, il revient à cette loi de se mettre en son lieu et place. Rien de plus logique. Aussi cette interdiction de la recherche de la paternité est-elle l'infraction la plus flagrante des droits de l'enfant, conséquemment des droits de l'homme. Elle donne une triste idée de l'état des consciences !

Comment, nous tolérons que des gens soient assez pervers, assez dépravés, pour jeter sur le pavé, par une belle nuit ou par un beau soleil, comme disait Chaumette, une nouvelle existence sans plus s'en soucier que d'une bouffée de tabac ! Quoi ! nous supportons que des âmes aient le sens moral assez oblitéré pour lancer une force dans le monde sans s'inquiéter de la direction qu'elle va prendre ! Tournera-t-elle pour ou contre la société ? Et cette société, constamment menacée, accepte comme un fait normal cette apostasie des instincts les plus spontanés, des sentiments les plus légitimes !

Manquons-nous donc de principes supérieurs ? Les doctrines religieuses sont-elles donc sans influence ? Ces doctrines si virtuelles, quand il s'agit d'opérer un mouvement de recul, sont-elles impuissantes quand il s'agit d'opérer un mouvement en avant ? Non seulement elles sont impuissantes, mais de plus, elles ont sanctionné toutes les spoliations : esclavage, servage, subalternisation de la femme, exclusion du bâtard. M. le cardinal Gousset n'a-t'il pas dit, dans son *Code expliqué*, « que l'interdiction de la recherche de la paternité était réclamée par les rêveurs et de quelles mœurs pouvait-il être question ? » Plus loin et augmentant, il déclare : « Sans la prudence de l'article 340, les conduites les plus pures, les plus irréprochables ne seraient pas à l'abri d'accusations injurieuses. » Tout au fond, le sagace prélat a prévu que plus d'un Basile pourrait bien être incriminé à raison, en plus d'un cas. Et le point essentiel n'est-il point d'éviter le scandale ?

Mais si cette interdiction de la paternité est nettement formulée, il n'en est pas de même pour la mère. C'est à cette femme, à laquelle la société a fait une position si inférieure, si précaire, qui, le plus souvent, est dans l'impossibilité de se suffire à elle-même, c'est à elle que revient toute la charge.

Comme cela est intelligemment et sagement distribué ! On me dira : que voulez-vous, c'est regrettable, c'est malheureux, mais c'est fatal ! La maternité fournit des preuves irrécusables, tandis que la paternité ne présente que des incertitudes. Sans doute, mais n'existe-t-il pas des apparences concluantes : la vie en commun, des assiduités à des heures où l'on ne fait pas de visites, des signes extérieurs qui décèlent la liaison la plus intime, une correspondance, des aveux, des indiscrétions. Puis, en somme, la loi est-elle toujours aussi scrupuleuse, aussi réservée, aussi retenue en rendant ses arrêts ? Combien de fois n'a-t-elle pas condamné à mort sur de simples probabilités ? Il y aurait mille exemples à citer pour un. Il me semble, pourtant, qu'il y a moins d'inconvénient à attribuer à un homme un enfant qui, en fin de compte, pourrait être le sien, qu'à attribuer un crime à un innocent, crime qui lui fera tomber la tête et qui déshonorera sa famille. Je crois qu'il n'existe personne au monde qui ne se range de mon avis.

D'où vient donc cette différence choquante dans les procédés de la justice ? Elle vient de ce que la recherche de la paternité menace la majorité des hommes, et que ceux-ci se révoltent à la seule idée de régler leurs mœurs ou bien d'en subir les conséquences quand elles sont mauvaises. A peu d'exceptions près, tous en sont là : ceux qui font et défendent les lois, comme ceux qui les suivent. Ah ! le basilisme n'existe pas seulement dans une caste !

Mais enfin, allons encore plus loin. Si la mère,

par une habileté coupable, parvient à se soustraire aux poursuites de la loi, que devient l'enfant ? Rassurez-vous, me répond-on, la société ne
l'abandonne pas, elle s'en charge. Oui, Dieu sait
comment! Les enfants trouvés, pendant la première
phase de leur enfance, meurent comme des
mouches, grâce aux soins vigilants des nourrices
auxquelles on les a confiés et auxquelles on alloue
un salaire insuffisant et dérisoire. Plus tard, s'ils
sont assez solidement constitués pour surmonter
de pareilles épreuves, la société s'en débarrasse,
comme elle peut, en les mettant en location chez
des cultivateurs ou des ouvriers qui les traitent, la
plupart du temps, comme des bêtes de somme.
Voilà pour les enfants trouvés.

Sans doute, en y réfléchissant, on est scandalisé
quand on pense que c'est dans une nation qui se
prétend civilisée qu'un aussi triste sort est réservé
à l'enfant naturel et à l'enfant trouvé. Seulement,
on se scandalise encore plus et la surprise augmente
quand, arrivant à l'enfant légitime, on le voit lui-
même, privé de garantie et n'ayant en somme
qu'une apparence de droit et rien de plus.

Ouvrons le Code et arrêtons-nous d'abord à l'article 203 : *Les époux contractent ensemble par le
fait seul du mariage* l'obligation de *nourrir, entretenir et élever leurs enfants.* Cet article est,
comme on le voit, écourté, concis. Il comprend,
sous cette forme étriquée, le devoir des parents.
Mais comme tout devoir implique un droit,

voyons quel est ce droit et si, par hasard, il ne viendrait pas empiéter sur le devoir.

Je poursuis mes recherches dans le Code. Le titre IX fixe immédiatement mes regards; sa rubrique : puissance paternelle, m'offusque considérablement. Je ne me figure pas bien, dans nos temps, qu'un individu soit l'objet de la puissance d'un autre individu. *Manuel de droit civil,* E. Acollas.

En cela, le Code de la Convention, mieux pénétré et fortement imbu des idées d'égalité et de droit, avait substitué à ce gros mot de *puissance,* toujours menaçant, les termes de surveillance et de protection, de telle sorte que la mission des parents consistait bien plutôt dans un exercice de tutelle que dans un pouvoir discrétionnaire. Et cette rédaction mitigée diminuait en eux-mêmes la haute opinion qu'ils auraient pu concevoir de leurs prérogatives et du prestige de leur autorité. Elle autorisait aussi, en quelque façon, les étrangers à intervenir et à faire de justes observations s'il y avait abus de pouvoir dans la famille, n'étant pas retenus par cette barrière solennelle appelée puissance.

Le Code Napoléon en jugea autrement, et, s'inspirant du droit romain, il maintint la fameuse *Patria potestas.* Que venait bien faire le droit romain à cette époque de revendication, de rénovation et de nivellement? un vieux droit qui remonte à plus de deux mille ans; un droit promulgué par une société qui admettait l'esclavage pour le plus grand nombre et la liberté pour le plus petit; une société enfin, qui traitait l'enfant comme un véritable animal dont l'existence dépend de la volonté et du caprice d'un individu ; comme un objet dont le possesseur peut se défaire à son gré.

Et voyez combien Rome était illogique. Cet enfant qui, si on lui laissait la vie, devait être un jour membre libre d'une cité libre, entrait dans la vie en esclave. Étrange apprentissage de la liberté! Ainsi l'enfant était la propriété absolue du père; le père avait tous les droits et n'était tenu à aucun devoir.

J'avais donc bien raison de dire, tout à l'heure, que venait donc faire le droit romain dans notre Code moderne? Son intrusion sur ce fait est insolite et disparate.

Sans doute cette *Patria potestas* y est amoindrie, amputée, mais, néanmoins, il en reste encore trop.

Certes, ce n'était pas inconsidérément que Napoléon avait emprunté au droit romain; ce n'était pas non plus par amour de l'antiquité, mais bien pour des raisons particulières. Cet homme, qui avait avant tout le génie du despotisme, comprenait parfaitement qu'en l'implantant dans la famille, il l'installait du même coup dans l'État. Il voulait donc justifier dans son Code l'origine de la tyrannie, parce que la famille est la société principe, la cité élément ; que, quand l'autocratie s'assied au foyer, on la retrouve parallèlement sur le trône. C'est pourquoi Proudhon a soutenu une chose absurde en déclarant, lui le préconisateur de l'anarchie, le démolisseur de tout pouvoir politique, en déclarant, dis je, qu'il ne connaissait de légitime que l'autorité absolue du chef de famille, autorité qu'il prétendait même renforcer encore.

Il ne faut pas en vouloir à Proudhon. Malgré de brillantes facultés, son cerveau était mal équilibré : quand il sonnait juste d'un côté, il sonnait faux de l'autre. Il ne comprenait pas que l'organisation politique n'est que l'application en grand de l'organisation familiale, et que, dans le même temps où les pères envoyaient leurs enfants au cloître ou à la Bastille, les rois y expédiaient leurs sujets.

Cet idéal de la paternité engendra une foule de types de pères barbares, tyrans, véritables persécuteurs de leurs familles. Ce qui est étrange, c'est qu'on ait jamais pu concevoir un pouvoir qui ne fût arbitraire. Il paraissait alors et il paraît encore être dépouillé de prestige et amoindri, quand il est contenu dans les bornes de la Justice.

Ici, une question se présente tout naturellement à l'esprit. Où prendre l'origine de cette puissance paternelle érigée en fétichisme, et dont nos sociétés modernes sont encore si fortement entichées ?

Pour la découvrir, il faut aller au delà du droit romain, et atteindre le cœur même des traditions religieuses ; car n'oublions jamais que toute erreur tenace, obstinée, qui tient à l'âme comme une tache indélébile tient à une étoffe, a sa source dans la tradition religieuse. Elle est si forte, si puissante, cette tradition, qu'elle impose silence à la raison, qu'elle met sans façon le bon sens à la porte. Et qu'après avoir éliminé ces deux témoins, toujours gênants, elle reste maîtresse du terrain, et tout alors lui devient facile. Hélas! combien de bicoques de la superstition restent encore debout dans les âmes! Malheureusement, la loi d'expropriation n'a pas encore passé par là.

Donc, cette tradition religieuse assimile le rôle du père à celui de créateur. Pourquoi? En voici la raison.

Dans les vieilles théogonies, cosmogonies hindoues, tout le grand drame de la création s'opère sous la forme générative; tout s'engendre : les dieux, les hommes, les bêtes, les plantes, les choses; c'est-à-dire que tout être, tout objet est le produit de la jonction de deux éléments distincts, de deux principes, l'un actif, l'autre passif : le ciel et la terre, le feu et l'eau. L'homme, qui est né malin bien avant que d'être Français et que d'avoir créé le vaudeville, s'est arrogé le plus beau rôle : le principe actif, principe fécondant, vivifiant, animique, laissant à la femme le soin de représenter le principe réceptif, c'est-à-dire secondaire et inférieur.

Cette théorie a passé de l'Inde à la Grèce, de la Grèce à Rome, et de Rome jusqu'à nous.

Je n'ai pas besoin de vous faire remarquer que

3.

cette analogie est fausse. Quel triste créateur que celui qui ne peut apporter à l'élaboration de son œuvre ni son génie, ni sa science, ni son expérience acquise. Inférieur en cela à l'artiste d'Horace, qui fait sortir d'un bloc de pierre ou de marbre soit un Dieu, soit un banc, soit une cuvette. Il ne peut savoir, à l'avance, si l'être qui se forme sera monstre ou enfant, féminin ou masculin, fort ou faible, brun ou blond, beau ou laid, crétin ou intelligent. Ce pauvre créateur est inhabile même à transmettre ses qualités propres, et ne reproduit souvent, et contre son gré, que ses défauts. Car l'hérédité pathologique est bien plus certaine et bien plus fréquente que l'hérédité cérébrale, autrement dit les facultés supérieures.

Je dirai mieux : dans les cas d'atavisme, les parents paraissent souvent n'être plus que des agents conducteurs de la vie. Il faut donc que la paternité rabatte beaucoup de ses prétentions. Où elle acquiert une véritable importance, où elle revêt un caractère de grandeur dont nul ne peut la dépouiller, c'est lorsqu'elle devient éducatrice. Parce que cette mission d'éducateur donne la mesure de la valeur de ceux qui ont engendré. A la période instinctive succède la période rationnelle ; à une minute de plaisir succèdent des années de dévouement. Façonner dans cet être embryonnaire une force, un cœur, une intelligence d'où jailliront peut-être un jour des actes de vertu, d'héroïsme ou de génie, c'est là le chef-d'œuvre.

Aussi l'enfant doit-il être bien plus reconnaissant du fait de l'éducation que de celui de la naissance.

Or, ce rôle d'éducateur, le Code l'a-t-il suffisamment signalé, l'a-t-il mis en relief, l'a-t-il imposé ? Point. Rien de plus laconique que lui à cet égard. Le père élève ses enfants comme il l'entend. S'il l'entend mal, tant pis pour l'enfant.

Ce qui ressort le plus dans la loi, c'est que le père peut infliger des corrections à son enfant, si celui-ci, dit le texte, lui donne des sujets de mécontentement. Quelles sont ces corrections ? Elles sont de diverses natures. Manuelles, s'il convient. Comment s'administreront-elles ? Est-ce avec une verge, un fouet, un bâton, une cravache, un martinet ? Les moyens sont variés. Le Code est peu explicite à ce sujet. Il compte comme le maximum du châtiment l'incarcération, l'emprisonnement de l'enfant. Ainsi l'enfant, jusqu'à l'âge de quinze ans révolus, peut être appréhendé au corps et emprisonné pour un mois. Sur la demande du père, le président du tribunal d'arrondissement délivre le mandat d'arrestation sans enquête préalable. Ce qui s'appelle la voie d'autorité.

Dès que l'enfant a l'âge de seize ans commencés, le père ne peut le faire enfermer que par voie de réquisition. C'est-à-dire que, cette fois, le président dudit tribunal, après en avoir conféré avec le procureur du gouvernement, délivre ou refuse l'ordre d'arrestation. La détention peut aller jusqu'à six mois. C'est ce qu'on nomme la voie de réquisition. Mais, comme la paternité exerce beaucoup de prestige, la loi obtempère généralement à ses vœux.

On m'objectera que la mère peut s'opposer aux rigueurs du père ; car l'article 372 dit que l'enfant reste sous l'autorité de ses père et mère jusqu'à sa majorité. Oui, seulement cet article n'est qu'une formule polie et sans effet. L'article 373 nous édifie tout aussitôt et en détermine le vrai sens : le père seul exerce cette autorité durant le mariage. C'est clair.

Les auteurs ont donné comme motif explicatif, que la puissance paternelle ne peut souffrir de partage. L'argument paraît bizarre.

Donc, cette mère qui a joué le principal rôle dans cette naissance, cette mère qui, à aucun instant et dans aucune circonstance, ne peut douter une seconde de sa maternité, supériorité incontestable sur le père — la paternité n'étant qu'un acte de foi, une preuve de confiance donnée à la fidélité d'une femme — cette mère qui a porté neuf mois ce petit être dans son sein, qui a senti se manifester en elle les premiers phénomènes de cette vie, cette mère qui l'a formé de sa propre chair, de son sang, qui l'a fait respirer de sa propre respiration, qui a fusionné son existence avec la sienne, qui l'a mis au monde au péril de ses jours, qui l'a allaité de son lait, qui a satisfait à toutes les exigences de sa première enfance, cette mère, non seulement ne peut pas transmettre sa nationalité, ni son nom au fruit de ses entrailles, mais encore elle devra rester témoin passif des faits et gestes du père. Celui-ci peut maltraiter son enfant, lui refuser le nécessaire, négliger son éducation, le surmener dans ses études, l'éloigner, lui faire traverser les mers, le faire engager comme mousse, etc., la mère ne peut y mettre obstacle ; il ne lui est permis que de prendre de l'influence. Mais si, cette influence, une autre l'exerce à sa place, elle se trouve élaguée de toutes les mesures prises, et elle reste dans la plus radicale impuissance au sujet de la chose qui la touche de plus près et qui l'intéresse le plus au monde.

Ce n'est qu'à la mort du père qu'elle succède à la puissance, si toutefois son mari, par une disposition testamentaire, n'impose pas à la mère un conseil de famille qui paralysera tous les actes de la tutrice. La puissance lui revient encore de droit en présence d'une absence prolongée du père, ou par son interdiction judiciaire ou légale : une condamnation correctionnelle pour excitation à la débauche de ses propres enfants. Et cependant, dans ces cas, la mère n'exerce l'autorité qu'avec restriction, puisque, pour faire détenir l'enfant, elle ne peut user que de la voie de réquisition.

Vous le voyez, Mesdames, dans toutes les phases de votre vie, la loi vous déclare incapables. Et, en vérité, on peut dire que tout le temps vous ne faites que changer d'incapacité. Mineures, vous étiez incapables sous la puissance paternelle ; ma-

riées, vous êtes incapables sous la puissance mari-
tale ; et, mères légitimes, vous êtes incapables de
nouveau, en vous retrouvant, face à face, avec une
seconde puissance paternelle.

Cette loi est éminemment immorale, parce qu'elle
diminue et amoindrit ce qui constitue la dignité
d'un être ; et parce que la mère naturelle ayant droit
à exercer la puissance, on met l'honnête femme à
même de regretter d'être entrée dans la légalité.

Parlant des droits de l'enfant, il m'était impossible de garder bouche close sur les droits de la
mère. Je reprends.

Le droit du père rayonne donc uniquement, et
il est tellement absorbant que le pauvre petit article 203 vient s'y fondre et s'y engloutir tout
entier. En effet, qui surveille donc l'exécution des
conditions qui y sont stipulées ? Personne. La
famille est un sanctuaire, etc. Vous connaissez la
ritournelle.

La conduite du père, faute de contrôle, est donc
absolument facultative, et l'on conçoit vite, d'ailleurs, qu'il existe bien des façons insuffisantes
d'élever, de nourrir et d'entretenir un enfant.
L'enfant a assez de vitalité en lui-même pour supporter, sans mourir, des privations, des mauvais
traitements. Sans nul doute, sa constitution sera
affaiblie ; mais qui donc plus tard recherchera les
causes de cet affaiblissement ? Toujours personne.
Et ce n'est pas tout. Ces mots élever, nourrir, entretenir n'impliquent pas nécessairement les idées

d'instruction, de savoir, ni même de connaissance d'un état. C'est en cela que le Code de la Convention avait fait preuve de plus de prévoyance, quand il avait prescrit aux parents de faire apprendre un métier à leurs enfants. L'état, le métier, la profession, n'est-ce pas l'outil de la vie ? *Sine quâ non.*

Ah ! si nous avions l'instruction obligatoire, l'arbitraire du père serait déjà fortement entamé (1) ! Mais cette obligation, qui était dans les premières mesures à prendre, nous ne l'avons pas encore. Et comme voici six ans que nous l'attendons, voici encore une génération perdue.

Il est des parents grossiers, ignorants, abrutis qui ne se font aucun scrupule de laisser leurs enfants grossiers et ignorants comme eux. Nous avons bien vécu comme ça, disent-ils, eh ! bien, ils feront comme nous ! Ils ne sont point barbares pour cela, ils sont insouciants.

D'autre part, il pullule des pères cupides, avares qui n'entendent faire aucun sacrifice. Ceux-là sont les premiers à exploiter les forces de leurs enfants à leur profit. Plus d'un en fait des serviteurs dans sa maison sans plus s'occuper de leur avenir. Certes, il y a des distinctions à établir. Dans les classes élevées, par exemple, l'amour-propre, le respect humain, le besoin de considération tiennent lieu de tendresse dans les familles, et les enfants, quelle que soit la froideur des

(1) La loi n'était pas encore promulguée.

pères, reçoivent toujours une instruction convenable. Il n'en est pas de même dans les autres catégories de la société.

Donc, ce qui frappe le plus dans cette étrange législation, c'est que l'enfant se trouve seul engagé ; car si les parents ne font que le demi-quart, que le seizième de ce qu'ils pourraient et devraient faire, l'enfant reste obligataire aux mêmes termes, et ses devoirs envers eux restent tout entiers. Et ses devoirs ne sont pas légers : c'est l'obéissance passive, l'acceptation des corrections sans réclamation possible, l'abandon complet de la direction de ses forces et du choix d'un état ; l'obligation de demander le consentement des parents pour le mariage, et celle, bien plus lourde encore, de subvenir à leurs besoins quand ils sont dans l'impossibilité d'y pourvoir.

Il est donc clair que, dans les rapports qui se tiennent entre les parents et les enfants, tout caractère de gratuité disparaît pour faire place à l'échange : le prêté pour le rendu. Les parents font crédit à l'enfant jusqu'au jour où celui-ci sera en mesure d'acquitter sa dette. C'est ainsi que les parents jouissent des biens de l'enfant, quand il en possède, jusqu'à sa majorité. Cette disposition du Code est désignée sous la dénomination de jouissance légale. Il en est de même si l'enfant exerce une profession ; le salaire revient aux parents. L'enfant gagne-t-il plus qu'il ne coûte, les parents en sont les bénéficiaires.

On me fera observer que ce cas est rare et que la plupart des enfants ne produisent rien, soit par paresse, soit par débauche, soit par incapacité. Je répondrai, à cela, que l'exploitation des parents est plus fréquente qu'on ne le suppose.

L'enfant, je le sais, peut mourir avant d'avoir rien produit. En ce cas, il reste insolvable et les parents en sont pour leurs avances. C'est le risque que court tout créancier.

La loi, me dira-t-on, a préparé des compensations à l'enfant en enlevant aux parents le droit de tester. Je ferai une simple observation. Comme il y a beaucoup plus de gens qui ne possèdent pas que de gens qui possèdent, cette disposition du Code n'intéresse que le petit nombre. Il arrive alors que cette compensation ne vient pas à ceux qui ont subi le dommage. J'entends par dommage le manque de soins et d'enseignement.

Du reste, cette loi de l'héritage n'est qu'une atteinte portée à la liberté humaine qu'on ne sait guère respecter d'une part ni de l'autre.

L'enfant ne doit être créancier que de la dette d'éducation. La famille doit développer ses facultés suivant les moyens dont elle dispose; elle n'est tenue à rien de plus.

Cette assurance de succession a, en général, d'assez tristes effets. Elle donne naissance à cette filière d'inutiles, dits fils de famille, qui, en perspective d'un patrimoine, se croient dispensés de tout effort personnel; cultivent l'oisiveté et tous les

vices qui en découlent avec la plus parfaite quié-
tude.

Donc, puisque l'enfant est considéré comme
débiteur, je voudrais que le prêt, à raison duquel
il est engagé, lui fût donné non fictivement mais
effectivement. Car faute de représentant, de man-
dataire, l'enfant est mille fois frustré. Il est victime de l'inertie de la loi.

On m'accusera, je ne l'ignore pas, d'introduire
la défiance dans la famille, le papier timbré, au
besoin, peut-être! Mais je veux que la confiance
soit motivée. Ceux qui n'ont pas souffert en parlent
à leur aise. En vérité, notre morale est plus que
suspecte!

Comment! on trouve qu'il est indispensable et
conforme à la loyauté la plus élémentaire qu'un
associé règle sa part d'association, qu'un tuteur
rende des comptes de sa tutelle ; cependant, dans
ces deux cas, il n'est question que d'intérêts pécu-
niaires, d'argent, en un mot. Tandis que l'enfant
aventure sa santé, sa vie, sa conscience, son intelligence, enfin tout ce qui fera de lui un être vigou-
reux, chétif ou maladif, instruit ou ignorant,
honnête ou coquin. Et l'on trouve insolite que je
demande une garantie! Certes, oui, je la demande,
et, si j'en avais la possibilité, je l'exigerais.

La garantie, me répondra-t-on, elle est dans
l'amour des parents pour leurs enfants ; c'est dans
leur tendresse qu'il faut la chercher. Ah! voici le
mot magique prononcé : l'amour! Il provoque

l'attendrissement et fait taire toute critique. On met en avant la voix du sang, le cri des entrailles. Au théâtre, ces grands mots font grand effet. Cependant, il faut reconnaître qu'ils ont un peu vieilli.

A Dieu ne plaise que je conteste la vivacité et la profondeur de l'amour paternel et maternel. C'est un sentiment suggéré par la nature qui n'a rien d'artificiel. Mais il n'est pas prépondérant chez tous les individus. L'amour, à tous les degrés, est très indépendant, si indépendant même qu'il est fréquent de voir dans la même famille un enfant haï à côté d'un enfant adoré, et cela sans motif. Puis, il existe des âmes qui sont envahies par des instincts violents, des appétits grossiers. Pour elles, la paternité, la maternité ne sont que des fonctions organiques amenant la satisfaction des sens, et rien de plus.

C'est donc à tort que la loi se fonde sur l'amour pour se dispenser de toute surveillance. D'ailleurs, qu'on y prenne garde, en famille, en religion, comme en politique, dès que l'amour est érigé en système et est considéré comme un principe directeur, il n'y a de place que pour le caprice, il n'y a plus de place pour la justice.

Au nom de l'amour de Dieu pour ses créatures, 25,000 israélites se massacrèrent mutuellement dans le désert.

Quant à l'amour des princes pour leurs peuples, il a fallu une fière dose d'imagination pour l'inven-

ter. Il nous donne comme preuve, la Saint-Barthé-
lemy sous Charles IX, les dragonnades sous
Louis XIV, le pacte de famine sous Louis XV, les
cours prévôtales sous Louis XVIII et enfin le coup
d'État sous Napoléon III.

En ce qui concerne l'amour conjugal, les journaux pullulent de femmes égorgées, assommées,
étranglées, jetées par la fenêtre, etc., etc. Pour l'a-
mour des parents, il a fréquemment d'étranges
façons de se signaler. Il n'est pas de semaine où la
*Gazette des Tribunaux* ne publie des jugements
rendus contre des pères et des mères dénaturés.
Sans compter ceux dont les sévices ne sont connus
que des voisins trop peureux et trop pusillanimes
pour oser les porter à la connaissance de la loi. Ce
ne sont qu'enfants enfermés, privés d'air, de jour,
de nourriture, accablés de coups et dont le corps
est couvert d'ecchimoses. Ce ne sont que les for-
faits absolument éclatants qui arrivent à nous, le
reste nous échappe. Et ce reste est odieux. Si
odieux, que la statistique des enfants suicidés monte
chaque année à un chiffre qui nous plonge dans
les plus amères réflexions.

Pour qu'à un âge aussi tendre, à une époque de
la vie où l'on est si léger, si insouciant, où les im-
pressions sont si mobiles, on en arrive à un dé-
nouement aussi tragique, il faut vraiment que les
motifs de désespoir soient bien horribles.

N'est-il pas bien naïf, du reste, de s'imaginer
que la paternité a la vertu *inévitable* de transformer

complètement un individu, de faire disparaître ses défauts, ses passions, ses vices. L'ivrognerie, la paresse,
le jeu, le goût du plaisir, la prodigalité, la débauche
sont autant de destructeurs de l'instinct paternel.
Et, à défaut de ces infirmités morales, la misère
suffirait à elle seule. Elle est le plus actif dissol-
vant des rapports de la famille. Les privations
continues dégénèrent en souffrances aiguës, elles
irritent et rendent injustes.

Dans ces intérieures délabrés, sordides, une naissance équivaut à une catastrophe. Cette fête de la vie,
loin de donner lieu à des transports de joie, n'est
accueillie qu'avec des imprécations. On était misérable à trois, à quatre, que sera-ce à cinq, à six!
C'est la faim, c'est le froid, c'est le dénuement
dans toute sa hideur.

Ne pensez-vous pas que, dans de semblables
conditions, l'enfant étant considéré comme une
aggravation de peines et de maux, il ne soit en
butte à des reproches immérités, et que, pour une
moindre faute, il ne soit brutalisé et corrigé outre
mesure. Ce père qui exerce souvent un état dur,
grossier, qui manie, à cet effet, des instruments
lourds et pesants, saura-t-il se rendre compte de la
portée de ses coups. Et dans ces scènes privées,
qui sont souvent si terribles, qui donc intervien-
dra entre cet homme en fureur et ce petit être sans
défense ? Les voisins, mais ils sont persuadés que
l'amour paternel atténuera ce que la colère a d'ex-
cessif. Puis, enfin, le père n'a-t-il pas le droit de

4.

reprendre et de corriger son enfant? Ajoutez à ces considérations la crainte de s'attirer des désagréments, et vous aurez la raison de cette indifférence, de cette insouciance avec laquelle, dans certains quartiers surtout, des gens entendent journellement des pleurs, des cris, des bruits de coups réitérés sans plus s'en émouvoir. Ils ne comprennent pas ce qu'il y a de disproportionné entre cet emportement, cette violence et le motif puéril qui l'a provoquée.

Il est même des voisins qui prêtent l'oreille, considérant ces iniquités intimes comme un spectacle dont ils ne veulent manquer aucune des péripéties. Sans doute, quand les sévices prennent les proportions d'un crime, la rumeur publique aidant, la justice se décide à paraître. Mais, hélas! le plus souvent, quand il n'est plus temps !

Du reste, quand elle arrive à point, que fait-elle? Elle condamne les parents délinquants à l'amende, à la prison même; puis, à l'expiration de leur peine, elle les réintègre dans leurs droits. De telle sorte que l'enfant retombe au pouvoir de ses persécuteurs dont la rage contre lui s'est encore accrue.

Des esprits sains, bien pensants ont fait, en vain, ressortir le côté absurde et dangereux de cette législation. La routine et le préjugé ont pris le dessus et ont triomphé de la justesse de leurs observations.

Or, que se produit-il? L'enfant, suivant la robusticité de sa constitution, meurt ou résiste; le plus souvent il se produit un terme moyen, l'enfant ne meurt pas, mais il s'étiole, se rachitise. Sous l'empire d'épouvantes continuelles, son cerveau s'atrophie et s'idiotise. Je pourrais citer plus d'un exemple. J'ai, moi-même, été témoin de résultats de cette nature.

Dans tous les cas, si l'enfant a le sang assez généreux pour endurer un pareil régime sans dépérir, il ne faut pas inférer que son caractère n'en soit pas atteint. Il devient défiant, vindicatif, haineux ; il se plaît aux méchants tours, s'applique à supporter les corrections les plus rudes avec cynisme, effronterie, fanfaronnade. C'est le candidat de la prison et du bagne.

Que faire, s'écrie-t-on ? Faut-il donc toucher au Code, ébranler toutes les bases de la société en les remettant en question ?

Qu'on se rassure, il n'y a rien d'ébranlé que les cerveaux faibles, et j'avoue qu'ils sont en grand nombre.

Quoi, le Code est-il donc sacré ? A-t-il été fait par des infaillibles ? La France, en effet, a de quoi se souvenir de l'infaillibilité de Napoléon !

Non, les codifications ne sont pas éternelles ; élaborées dans le temps, elles portent, bon gré, mal gré, l'empreinte de l'actualité qui limite leur durée. Et, comme les hommes ne sentent et ne pensent pas toujours de la même façon, c'est donc un droit et un devoir pour nous que de soumettre à un libre examen ces monuments de l'intelligence humaine qui donnent chacun le diapason de la conscience d'une époque.

Sans doute, toute législation a une portée impérissable, celle qui s'assied sur des vérités relevant du bon sens et sans cesse justifiées par l'expérience. L'autre partie destructible réflète les passions, les préjugés, les ignorances d'un siècle.

Ne craignez-vous pas, m'objectera-t-on, qu'en attaquant la puissance paternelle qui, jusqu'à présent, est restée au-dessus de toute discussion, vous n'affaiblissiez le principe d'autorité déjà si mal affermi en France ?

Non, parce qu'aujourd'hui, aucun pouvoir, quel que soit son titre, ne doit échapper au contrôle.

Longtemps le pouvoir n'a semblé respectable et imposant qu'autant qu'il lui était donné d'aller jusqu'à l'arbitraire.

C'était amoindrir l'autorité, lui faire perdre de son prestige que de la contenir dans les bornes de la justice. Une puissance responsable, rendant des comptes, paraît encore, à certains esprits arriérés, découronnée et avilie.

La déclaration des droits de l'homme, malgré les nombreuses transgressions dont elle a été l'objet, a effectué son trajet. Elle s'est détaillée en formes incisives qui ont pénétré dans les cœurs et dans les consciences et que rien ne saurait effacer : la *dignité individuelle*, le *respect de la personne humaine*, la *solidarité*, l'*autonomie*.

Le temps est passé où l'on formait les individus

en brisant leur caractère et leur volonté sous un joug de fer. C'est qu'alors, il fallait des sujets, des créatures. A présent, il nous faut des citoyens. D'ailleurs, tout pouvoir, qui ne se légitime ni par la raison, ni par l'équité, finit toujours par provoquer, à la longue, dans la famille, comme dans l'état, l'irritation, la rébellion, la révolution.

Ce sont les persécutions paternelles dont Mirabeau a été victime qui en ont fait l'apôtre et le tribun le plus ardent de 89. Cette nature exubérante, incarcérée successivement dans tous les forts de la France, grâce aux *tendres soins* du *tendre* auteur de ses jours, cuva dans le silence des prisons toutes les haines et toutes les rages contre la tyrannie, quelque forme qu'elle pût prendre.

Cette liberté comprimée, refoulée, forma en lui une sorte d'abcès qui vint, à un instant donné, crever sur la société française, avec tout le fracas d'une indignation explosive et d'une éloquence déchaînée.

Plus tard, Chateaubriand, en faisant le tableau de sa famille, nous donne aussi une fidèle image de l'inflexible autorité paternelle.

Après avoir fait le procès de la puissance paternelle telle qu'elle est constituée dans le Code, il nous reste à en intenter un à la société elle-même qui, elle aussi, exerce ses pouvoirs sur l'enfant.

La famille n'est pas seule responsable.

Il arrive un moment où l'enfant quitte, en partie, la direction de ses parents pour passer sous le joug de l'étranger ; c'est-à-dire du maître, du patron. Le fait est général dans le prolétariat.

Or, qu'est-ce que le patron ? Un individu qui est bien plus disposé, sauf de rares exceptions, à faire de l'industrie, c'est-à-dire fortune, qu'à faire de la philanthropie. De là, une exploitation prématurée ou à outrance des forces naissantes.

Qui oblige les familles, dira-t-on, à envoyer de trop bonne heure leurs enfants à l'atelier? Hélas! la misère qui ne supporte pas de réplique. Il faut vivre et s'en procurer les moyens. Toute la tendresse paternelle et maternelle combinées ne peuvent obvier à l'insuffisance du salaire. Et dans l'intérieur prolétaire, quand la famille prend un certain accroissement, la consommation excède la production. Ainsi la prolificité, dans la classe ouvrière, rompt l'équilibre de la recette et de la dépense, de l'actif et du passif. Alors, si les forces enfantines ne s'exercent pas le plus tôt possible, et ne créent pas de nouvelles ressources, le dénuement, la détresse viennent s'asseoir au foyer.

Aussi, quand on a jeté un cri d'alarme, en signalant l'affaiblissement de la population, aurait-on pu trouver facilement les motifs explicatifs à cet état de choses.

Beaucoup de gens, et je ne peux les blâmer, jugent qu'il est préférable de ne pas naître que de naître pour être la proie du malheur. Mais, comme l'Économie, malgré d'honorables travaux, n'a rien résolu du problème social et ne l'a pas même élucidé, puisqu'elle en est encore réduite à flotter entre la loi Malthus et l'émigration, on ne peut raisonnablement accuser les parents, dont les charges dépassent les moyens, d'envoyer le plus tôt possible leurs enfants à l'atelier. Cela, d'ailleurs, peut ne pas être un mal, car le désœuvrement, l'oisiveté pour les enfants, comme pour les adultes, sont pernicieux et corrupteurs. Seulement, ce travail auquel on les soumet ne devrait pas nuire à leur développement, mais, bien au contraire, y aider. Il faut aussi que la culture morale n'ait pas à en souffrir.

En somme, la société à tout intérêt à n'user des forces individuelles que lorsque celles-ci ont acquis toute leur plénitude. Les escompter à l'avance, les faire fonctionner avant terme, c'est récolter un déficit. En voulant faire l'ouvrier de onze ans, on tue, ou tout au moins on atrophie, l'ouvrier et le soldat de vingt ans.

L'exploitation de l'enfant a donc trois facteurs : l'arbitraire paternel, la misère, la rapacité industrielle. Entre ces trois rouages se trouvent broyés, plus d'une fois, la vigueur, l'intelligence, le moral de l'enfant.

On peut s'étonner, à juste titre, que le premier soin d'une civilisation ne soit pas d'assurer les meilleures conditions possibles au développement des jeunes générations. Qui a donc fait la civilisation? Qui a donc produit ces merveilles de la philosophie, de la science, des lettres, des arts, de l'industrie ? N'est-ce pas l'humanité dont les plus brillants phénomènes de production s'arrêteraient net le jour où la majorité de l'espèce dégénérerait.

Épuiser l'enfant est aussi absurde que manger son blé en herbe, rien de plus évident au point de vue seul de l'intérêt des sociétés; et au point de vue solidaire et fraternel, c'est absolument élémentaire, à moins de tirer à honneur d'être classé parmi les sauvages.

Cependant, cet acte de sauvagerie, notre siècle l'a accompli à sa grande honte. Un intérêt matériel mal compris, une concurrence poussée à outrance ont compromis l'avenir de notre espèce.

En 1841, de bons esprits et de grands cœurs appelèrent l'attention du législateur sur un état de choses si déplorable.

On s'étonnera, certainement, qu'il ait fallu édicter une loi de protestation pour le travail des enfants dans les manufactures afin d'enrayer les abus dont ceux-ci étaient victimes. On se demandera comment, dans des centres industriels, les patrons, les chefs n'avaient pas eux-mêmes pris l'initiative pour constituer une organisation conforme aux sentiments de l'humanité et du progrès.

Une loi fut donc promulguée, mais incomplète et défectueuse. Cependant, tout insuffisante qu'elle était, elle eût rendu de réels services, si elle eût été appliquée. Elle tomba donc en désuétude avant que d'être mise en vigueur. Il est humiliant de l'avouer, elle n'avait pas pénétré dans les consciences, elle était au-dessus des mœurs!

Et cela est si vrai, qu'on l'avait organisée de telle sorte qu'elle ne pût recevoir d'exécution. Les inspecteurs n'étaient pas rétribués, ce qui était un grand tort: car des individus qui donnent toute leur vie à une mission doivent y trouver des moyens d'existence. De plus, ces inspecteurs étaient en nombre insuffisant et dérisoire et, le plus souvent, ils s'entendaient avec les patrons.

La loi fut donc comme non avenue. Il fallut trente-quatre ans pour qu'on la ressuscitàt, qu'on la perfectionnàt et qu'on la prît sérieusement en souci.

Pendant ces trente-quatre ans, l'industrie prit de plus en plus d'extension et le nombre des victimes d'un travail hâtif et prématuré s'augmenta tous les jours sans qu'on y prît garde.

Pourtant, vers 1865 et 1867, on commença à s'inquiéter de la petite taille et de l'air chétif des jeunes gens qui se présentaient au tirage dans les villes manufacturières. En 1867, sur 325,000 individus inscrits, on en comptait 109,600 de réformés. Sur ce chiffre, 18,000 n'atteignaient pas la taille de 1$^{m}$,60, et 33,000 étaient de faible constitution et même rachitiques. Ils se ressentaient de l'abandon de la loi de 1841.

Des statistiques ont établi que, dans les départements agricoles, pour 10,000 individus valides, il s'en trouvait 4,209 de réformés ; tandis que, même

proportion gardée pour les départements industriels, le chiffre des réformés s'élevait à 10,000,
11,000 et même 14,000. On s'est enquis, et l'on a
été à même de constater que le travail dans les
manufactures était pour une large part dans cette
détérioration de l'espèce. Ce qu'il était facile de
prévoir, du reste, sans être doué d'une grande per-
spicacité.

De 1865 à 1869, des faits révoltants continuant
de se produire, le conseil général, grâce aux pro-
positions réitérées de son président, M. Dumas, de
l'Institut, vota un crédit pour allouer des émolu-
ments à deux inspecteurs. L'intention était bonne.
En fait, c'était une moquerie.

Le gouvernement impérial donnait comme motif
de cette lésinerie la crainte d'ajouter aux dépenses.

L'Empire osant parler d'économie !

On me dira que je raconte une vieille histoire ;
que la loi de 1874 a mis fin à tous ces abus. Ce
serait une grande erreur que de le croire. Il n'y a,
pour s'en persuader, qu'à étudier l'enfantement
pénible de cette loi et d'en examiner toutes les
phases ; de tenir compte des résistances qu'elle a
rencontrées et qu'elle rencontre encore dans son
application. Alors, on aura une idée juste de la
valeur des résultats acquis aujourd'hui.

On a mis trois ans à voter cette loi qui a été
l'objet de trois interminables délibérations rem-
plies toutes de discours inutiles et d'amendements
oiseux.

Il semble, n'est-ce pas, que, pour l'honneur de cette assemblée, tous devaient tomber d'accord sur cette question d'humanité élémentaire. Le contraire advint.

Enfin, ces débats, beaucoup trop prolongés, ont servi à mettre en lumière des faits que le public ignorait, bien qu'on ait eu garde de tout dire et pour cause. De grands industriels étant membres de l'Assemblée, il y avait des intérêts à ménager. Leur position devenait délicate et difficile. N'étaient-ils pas, en grande partie, responsables du triste sort des enfants dans leurs ateliers ou dans leurs usines ?

Un certain filateur, bien connu et siégeant à la Chambre, n'employait-il pas lui-même, pour le dévidage des cocons, des petites filles de huit à dix ans dès *trois heures du matin*. On eut bien soin de dissimuler toutes ces misères. On célébra, au contraire, les sentiments généreux, la sollicitude attentive des industriels pour l'enfance. On vanta le cœur des parents, le cœur des patrons, le cœur des ouvriers, le cœur des députés. Jamais on n'avait vu pareille réunion de cœurs tendres ; c'était à faire pleurer les murailles. Tout naturellement, on se demandait pourquoi, si chacun avait si bien fait son devoir, on avait perdu un temps toujours si précieux — *irreparabile tempus* — à nommer une commission, à élaborer une loi, à la discuter, puisque tout était pour le mieux dans la plus paternelle des industries possibles.

Par une de ces interversions dignes des émules

de Loyola, l'Assemblée n'avait plus qu'une peur, celle de céder aux entraînements d'une sensibilité irréfléchie et exagérée. Alors on mit en avant les *nécessités* industrielles.

J'aimerais assez qu'on n'employât ce mot que dans son sens propre.

Les lois de l'univers sont nécessaires et conséquemment des nécessités, parce qu'elles sont au-dessus des volontés; qu'elles sont inaccessibles à toute modification, à toute fluctuation, à tout changement, et que c'est de cette immutabilité que dépendent l'ordre et l'harmonie de l'univers. Nous appelons encore nécessaires et nécessités toutes les choses auxquelles nous ne pouvons nous soustraire et que nous devons fatalement subir.

En dehors de cette acception véritable, le mot nécessité, employé incongrûment, déguise toujours quelque infamie ou quelque iniquité.

Il y a eu des nécessités religieuses, et l'on égorgeait un innocent pour expier le crime d'un coupable; on allumait des bûchers pour obtenir l'unité de la foi. Il y a eu aussi les nécessités politiques et dynastiques, avec leur coup d'État; c'est-à-dire les massacres, les fusillades, les déportations, l'exil. Il y a aussi les nécessités physiologiques, avec l'abominable enrôlement de la prostitution; enfin, au faîte et comme couronnement, on place les *nécessités industrielles*.

Mais, avant d'aller plus loin, voyons donc un peu quel est l'objet et le but de l'industrie. Les voici : augmenter le bien-être et le confort des peuples, épargner leurs forces en leur substituant celles des machines ; centupler la production, et par ce moyen, répondre et satisfaire à un plus grand nombre de besoins ; créer la richesse et répandre partout l'aisance, la prospérité, le bonheur.

Mais, qu'apprenons-nous ? Les rôles sont intervertis, les termes sont renversés. Cette industrie, de servante des nations et des peuples qu'elle doit être, devient leur dominatrice et leur despote. Loin de les aider, de les alléger, elle les dévore en herbe ; elle appauvrit leur sang, abrège leur vie, en un mot, ce n'est plus l'industrie qui est faite pour l'humanité, c'est l'humanité qui est faite pour l'industrie.

Allons donc ! Mais c'est là une théorie de fou ! Et, prenons garde qu'à ces fameuses *nécessités* industrielles, on ne vous oppose, un jour, les nécessités révolutionnaires.

Je ne fais, ici, cette revue rétrospective que pour montrer combien, pendant ces débats, les prétextes fallacieux de puissance paternelle, d'intérêts économiques, déguisaient l'égoïsme particulier et s'opposaient au triomphe du projet de loi. La conscience l'emporta, la loi fut votée. Naturellement, elle allait avoir maille à partir avec les mauvais vouloirs qui, immédiatement, se manifestèrent. Et, il faut le dire à regret, l'administration ne sut pas s'armer contre eux pour l'exécution de la loi nouvelle, malgré l'expérience qu'on avait faite de l'inefficacité de la loi de 1841.

Ceux qui se plaisaient à croire que la loi de 1874 allait tout changer eurent une amère déception. Le rapport des inspecteurs leur enleva beaucoup de leurs illusions. Ils reconnurent d'abord que le personnel de l'inspection était insuffisant; que, d'autre part, les milieux étaient récalcitrants, chaque intérêt particulier s'ingéniant à restreindre l'action de la loi à son profit. C'est qu'il ne suffit pas qu'une loi soit sévère : il faut encore que le public lui serve d'auxiliaire et qu'il signale toutes les infractions dont cette loi est l'objet et qui se trouve paralysée quand le public reste dans son indifférence et dans son égoïsme. Une fois que les inspecteurs ont le dos tourné, tout recommence.

Le public a donc le droit et le devoir de protester toutes les fois que la loi est escamotée; et il peut toujours s'indigner : car si l'on s'indignait devant chaque injustice commise, on en diminuerait le nombre.

Ainsi donc deux obstacles s'opposèrent à la loi : l'indifférence du public et le petit nombre des inspecteurs n'atteignant que le chiffre de 15. Il y eut donc, dès l'abord, impossibilité pour eux de signaler toutes les contraventions qui se produisaient. C'est ainsi que les rapports ont appris que des enfants, à Paris, travaillaient encore de *treize* à *quatorze* heures par jour dans des fabriques de fermoirs de porte-monnaie, bien qu'âgés de douze ans. Et notamment dans des fabriques de boulons et de vis, des enfants de huit à dix ans travail-

laient, en temps de presse, de six heures du matin
à dix heures et demie du soir.

Dans les diverses parties de l'industrie, on faisait même travailler les enfants le dimanche. On
apprit, non sans un grand ébahissement, que les
patrons transgressaient la loi *faute de la connaître*.
Cependant cette loi a été promulguée en 1874 et
il arrive qu'en 1876, on dit ne pas la connaître.

On apprit aussi qu'il y avait des locaux de
forces mécaniques. Ces établissements sont divisés
en plusieurs compartiments où sont des machines
mises en mouvement par un moteur commun. On
raccole des enfants, pris au hasard, et on les enferme
jusqu'à ce qu'ils aient fait la tâche voulue, tâche
dure et pénible. De plus, ils sont là sans surveillance. On voit d'ici le danger et la démoralisa-
tion.

Nous disions, il n'y a qu'un instant, que, pour
qu'une loi reçoive son application, il faut que la
nécessité de cette loi s'impose à la majorité des
esprits, sans quoi le plus grand nombre s'efforce
de la tourner à son profit.

Après la promulgation de cette loi, on pouvait
devoir compter sur le concours des parents inté-
ressés à ce qu'on ne surmenât pas leurs enfants.
Le contraire se produisit, et l'antagonisme des
parents est venu se joindre à l'antagonisme des
patrons et le corroborer. Nous ne parlons pas seulement du département de la Seine, mais bien
aussi de certaines régions du Midi. Dans le Tarn,

principalement, l'opposition prit un caractère de violence.

Là, la population est hâve, misérable, flétrie en germe par les privations continuelles de génération en génération et un labeur prématuré. Donc, l'interdiction du travail des jeunes enfants, dans les manufactures, fut considérée par les familles comme une mesure arbitraire et vexatoire accroissant encore leur misère. Les habitants exaspérés allèrent jusqu'à menacer l'inspecteur qui veillait à l'exécution de la loi (rapport de M. Estelle en 1876); et, passant des menaces aux voies de fait, ils en arrivèrent à lui jeter des pierres.

En somme, toutes ces résistances ont toutes pour racines le respect traditionnel de la puissance paternelle. Parents et patrons, les premiers pour défendre leur autorité, les seconds pour défendre leurs intérêts, se liguent, volontiers, pour entraver l'exercice de la loi de 1874.

Ajoutez à ces dispositions récalcitrantes, le nombre toujours insuffisant des inspecteurs, le plus ou moins d'activité apporté à leurs fonctions, leur crainte de se faire des ennemis, et vous aurez la raison des infimes résultats obtenus pendant les dix-huit mois qui viennent de s'écouler. La loi n'ayant été applicable qu'un an après sa promulgation, suivant l'article 31.

Maintenant, il est temps de nous résumer.

J'ai démontré, pièces en mains, que l'enfant, même l'enfant légitime, n'avait qu'une apparence de droit; qu'il était livré au double arbitraire de la famille et de la société, et qu'il n'était pas plus garanti d'un côté que de l'autre. J'ajoute que la société, en ce cas, est encore plus coupable que la famille, parce qu'en sa qualité de personnage collectif, elle est une abstraction, une entité dépouillée de toute passion; et qu'en conséquence, à l'avantage de tous et en vue d'un certain idéal de bien et de moralité, sa mission est justement de suppléer aux défections individuelles, de redresser les déviations particulières, de réparer le mal autant que faire se peut, et surtout, et avant tout, de le prévenir.

Or, l'enfant ne peut-être responsable, parce que c'est un être inachevé, que sa volonté est incomplète, qu'elle est plus instinctive que rationnelle. Il a donc besoin d'une saine direction, et, si cette direction lui manque dans la famille, la société doit la lui fournir.

La société n'a pas compris cela : elle s'est forgé, comme à plaisir, un obstacle infranchissable dans l'autorité paternelle. Elle pratique, à son égard, le large *laissez-faire* et le plus vaste *laissez-passer*; elle tient à la respecter quand même et lorsque celle-ci ne se respecte même pas. C'est en vain que les faits lui crèvent les yeux; c'est en vain qu'elle est témoin des sévices les plus graves : elle s'abstient.

Mais ce qui dénonce l'insincérité des agissements de la susdite société, c'est que, toujours dans la crainte, soi-disant, de porter atteinte à la liberté des familles, quand il s'agit simplement de sauvegarder l'enfant et de le préserver d'une chute imminente, cette crainte disparaît tout aussitôt dès qu'il n'est plus question que de le frapper, de le punir et de le flétrir.

Alors l'État se substitue violemment à la famille, sans qu'elle ait droit de réclamer. Il est un cas où cette conduite de l'État est la plus abusive et la plus révoltante : c'est quand il ose imprimer au front d'une mineure les stigmates définitifs de la plus basse abjection.

Quoi ! une enfant de seize ans, une adolescente qui ne jouit pas de ses droits, qui, logiquement, ne peut être entièrement responsable, une fillette qui a été pervertie par la corruption de la famille, de l'atelier, de la rue, souvent de toutes les trois à la fois ; quoi ! cette malheureuse se voit incorporée de vive force dans l'immonde cohorte !

On la condamne à quoi ? — à continuer la honte, à réitérer, par métier, par profession, le délit qu'elle n'a pu commettre que dans un instant de délire et d'égarement passagers !

Et c'est ainsi que 18 à 20,000 mineures peuplent ces monstrueux établissements qu'on a l'effronterie de qualifier *d'utilité publique*.

De là, une police des mœurs, un bureau des mœurs. Mais, je ne l'ignore pas, la société a des appétits ; et pour les satisfaire, il lui faut des proies.

Elle ne recule donc pas devant aucun de ces procédés sauvages.

Je trouve seulement que nous avons un rude aplomb de nous prétendre en civilisation.

On me fera remarquer qu'il est plus aisé de critiquer les lois que de les faire meilleures.

Je réponds à cela que, dès que les défectuosités d'une loi sont reconnues, on doit ne pas hésiter, soit à l'abroger s'il y a lieu, soit à y apporter les modifications nécessaires.

Dès l'instant que la famille manque à son devoir, et que, pour l'enfant, les mauvais traitements remplacent les soins et la tendresse ; que les mauvais exemples tiennent lieu d'enseignements moraux et que ces faits sont publiquement connus, la société, la loi, l'État, comme vous voudrez, doit arracher aussitôt l'enfant de ce funeste milieu. On ne le soustraira jamais trop tôt au spectacle de tant d'insanités. Mais comme la société ne pourrait suffire à tant de charges, et que ce serait, d'ailleurs, encourager les mauvais parents que de les délivrer de leurs enfants, l'État, d'accord avec les patrons, grâce aux renseignements de la police, prélèverait chaque semaine ou chaque mois sur la paye une somme proportionnelle au gain des parents pour subvenir à l'entretien des enfants.

En outre, la société promulguerait tout aussitôt l'instruction gratuite et obligatoire. Elle multiplierait les écoles professionnelles, où l'enfant peut, tout à la fois, éclairer son esprit et acquérir les connaissances techniques d'un métier, sans se démoraliser au contact de gens dont le langage et les mœurs sont souvent dissolus.

Dix ans de ce régime apporteraient déjà une amélioration sensible à l'ensemble social. Dans ces conditions de salubrité physique et morale, la jeune génération se préparerait favorablement.

Ici, je prévois une objection, et je vais au-devant. On me dira : mais tous les désordres, tous les scandales ne proviennent pas seulement du défaut d'instruction, de surveillance. Les fils choyés, chéris, instruits, des classes supérieures, donnent-ils donc toujours de si satisfaisants résultats? Ne fournissent-ils pas, eux aussi, un assez joli contingent aux malpropretés sociales? Ne rencontre-t-on pas, à l'occasion, dans leurs dossiers, des caisses soulevées, des escroqueries de tout genre, des attentats aux mœurs de toute nature, voire même contre nature? Délits, enfin, qui les traînent, bel et bien, en police correctionnelle ou en cour d'assises.

Vous voyez donc bien que là n'est pas la source du mal. La source de nos maux est dans l'abaissement des consciences. Il n'y a plus de principes, il n'y a plus de croyances. — C'est vrai, répondrai-je. Et puisqu'il est question de conscience, c'est par la conscience que je vais finir.

La conscience disparaît successivement; d'où vient ce phénomène?

Nous avons fait remarquer que, d'une part, la paternité est soit tyrannique, soit indifférente, soit idolâtre, mais rarement rationnelle. Quant à la société, elle l'est encore moins.

L'enfant a cependant besoin d'être élevé, mais surtout bien élevé. On doit non seulement fortifier son corps, mais encore former sa conscience. La conscience n'arrive pas toute faite : on la fait ou on la défait suivant l'éducation.

Comment s'y prend-on pour former cette conscience? Examinons les trois degrés de l'instruction primaire, secondaire, supérieure, et nous verrons que la même détestable méthode est en vigueur pour chacun d'eux.

Nous sommes dans une époque de pleine lumière, et nous agissons comme en pleines ténèbres. Par routine, préjugé, respect humain, toutes sortes de motifs peu estimables, nous transmettons servilement l'erreur à l'enfant. Nous la lui enseignons pendant douze longues années, pour la battre en brèche pendant douze autres longues années. Nous meublons sa jeune intelligence, sa jeune mémoire de la légende, de la féerie, du fantastique, du merveilleux, du miraculeux enfin, c'est-à-dire de l'invraisemblable, de l'impossible, du mensonge, de tout ce que rejettent et condamnent la science, la raison, l'expérience. Et l'on choisit, pour faire cette première semence, l'instant où le terrain est neuf, tout rempli de sève et d'énergies végétatives qui sont prêtes à accélérer le développement de tout germe !

Ce premier plant d'erreurs rapporte l'erreur.

Plus tard, on risque une seconde couche de vérités, et l'on ne récolte que la confusion.

Oui, Messieurs, oui, Mesdames, nous sommes en pleine confusion. C'est là la caractéristique de notre temps. Rien de plus concevable. Tout notre présent est rempli de notre passé ; notre âge mûr, notre vieillesse sont constamment assaillis par les réminiscences de notre enfance et de notre première jeunesse.

Que peut donc être notre conscience, milieu de luttes, de guerres, de batailles ? Elle nous présente le spectacle de la plus lamentable anarchie. Alors, il arrive un instant où, par lassitude, le conflit cesse, la conscience s'apaise ; elle retombe dans le calme, mais le calme plat. Elle se produit alors sous un aspect nouveau : elle devient officielle. Imaginez quelque chose de distendu, d'élastique, qui emmagasine tout indifféremment. C'est un bazar, c'est une boutique, c'est un bric-à-brac, où les choses les plus disparates se rencontrent. La conscience n'est plus ce tribunal sévère et loyal, mais un juge taré qui donne gain de cause au plus offrant.

Alors nous entrons dans cette interminable série de non-sens, de contresens, de contradictions, de rétrocessions, qu'on décore du mot de concession, de conciliation, et dont le vrai nom est défection.

Ces faits sont plus frappants chez les hommes publics, parce qu'ils sont, plus que les autres, en évidence ; mais ils sont le signe d'un état général.

Oui, la conscience s'abaisse ; oui, elle s'amoindrit, parce que nous sommes une génération bâtarde. Pourquoi est-elle bâtarde ? Parce qu'on a greffé en elle l'esprit moderne sur l'esprit du moyen âge, et qu'on a voulu concilier des inconciliables. Il s'ensuit que la conscience est tirée par deux forces contraires, deux forces qui marchent en sens inverse et produisent la stagnation, ou, tout au plus, une oscillation. Dès que nous avons mis le pied en avant, nous le reportons en arrière. Ceci pourra se prolonger ainsi indéfiniment. Il nous faut pourtant sortir de là.

Nous en sortirons en élevant l'enfant autrement que nous n'avons été élevés nous-mêmes. Nous lui devons une éducation à base rationnelle et scientifique.

Comment ! s'écrie-t-on, est-ce que c'est suffisant ? Est-ce que la science répond à tous les besoins de l'âme ? Est-ce qu'elle instruit l'homme sur ses destinées ultérieures ? Quand elle essaye de l'édifier, elle le désole, le décourage et lui montre le néant ! Il va donc chercher ailleurs des solutions plus favorables.

Il est certain que la science ne peut donner que ce qu'elle a. Non, elle n'a pas encore dégagé toutes les inconnues du grand problème de l'Univers. Il est même probable qu'il en est qu'elle ne dégagera jamais. Mais c'est elle, souvenons-nous-en, qui nous a débarrassés de l'erreur : Elle a droit à notre reconnaissance.

D'ailleurs, quelles sont ces fameuses solutions qu'on va chercher dans les doctrines ? Hélas ! elles ne sont que les conclusions, les conséquences erronées de prémisses radicalement fausses. Ceux qui s'en contentent ne sont vraiment pas difficiles.

Oui, l'enfant a droit à la vérité : elle doit être sa suprême pâture morale. Nous ne devons lui affirmer que ce dont nous sommes sûrs : agir autrement est déloyal. Alors, grâce à cette éducation, l'amélioration ne sera plus seulement dans les choses, mais dans les hommes, dans les femmes, et, conséquemment, dans la société tout entière.

Il faut, pour arriver à ce résultat, que chacun se persuade qu'à n'importe quel âge l'être humain ne peut être à la disposition du bon plaisir et de l'arbitraire ; que l'enfant, corps et esprit, ne saurait être un objet de possession, de propriété et d'exploitation ; que le rôle des parents consiste à aider à son éclosion physique et à édifier sa conscience sur des principes moraux, certains, indiscutables, ratifiés par l'expérience, la science et la raison ; à cultiver, en un mot, sa volonté, la diriger dans le sens de la vérité et de la justice.

C'est en revisant le Code, et en substituant à la puissance paternelle la protection, qu'on parviendra à modifier l'état des esprits. Tous comprendront que dans l'enfant est l'individu de l'avenir.

Incapable, au début de la vie, d'affirmer ses droits et de les défendre, il revient à la famille et à la société de les reconnaître. C'est donc à quoi nous devons travailler avec toutes les forces de notre intelligence et toutes les générosités de notre cœur.

Nota. — Aujourd'hui la loi sur l'organisation de l'enseignement primaire laïque est définitivement adoptée par le Parlement. Bien qu'incomplète, elle marque un progrès. Mais, cependant, nous doutons qu'elle ait l'action qu'on en attend. Le laïcisme, étant proclamé d'urgence, devrait comprendre tous les degrés de l'instruction. Or, il arrive qu'elle s'arrête au premier. C'est une grave inconséquence : car, plus l'intelligence s'élève à de hautes études, plus elle est tenue à se dégager des superstitions et des préjugés engendrés par l'ignorance. C'est le contraire qui va exister. L'instruction secondaire et l'instruction supérieure restent soumises aux rites religieux.

# APPENDICE

## AUX DROITS DE L'ENFANT

---

### TRAVAIL DES ENFANTS

#### DANS LES FABRIQUES ET USINES

Dix ans se sont écoulés depuis le jour où la conférence qu'on vient de lire a été prononcée.

D'après les rapports annuels publiés par la commission supérieure du travail des enfants, garçons et filles, employés dans l'industrie, le public est à même de juger dans quelle proportion les progrès de l'observation de la loi de 1874 se sont accomplis.

Nous laisserons de côté les rapports des premières années, qui, tous, signalent l'impopularité dont ladite loi fut l'objet chez les parents, comme chez les patrons. Nous ne nous arrêterons qu'aux rapports de 1883, 1884 et 1885. Nous sommes à même de constater, dans chacun d'eux, le nombre toujours croissant des établissements visités, grâce à l'augmentation du personnel de l'inspection. C'est ainsi qu'en 1885, le chiffre de ces établissements est monté à 60,800, tandis qu'en 1884, il n'était que de 48,817. Par contre, le chiffre des garçons et filles mineurs employés dans l'industrie a diminué.

Plusieurs causes expliquent cette diminution : la crise commerciale, d'abord, que nous traversons ; ensuite, le travail de demi-temps qui gêne les fabricants et les industriels ; et les parents, de leur côté, qui préfèrent placer leurs enfants comme porteurs de dépêches à l'administration des postes et télégraphes, ou comme grooms dans les hôtels, les cercles et les grands magasins de nouveautés. De cette façon, ils obtiennent pour leurs enfants un gain immédiat.

Si cette tendance se généralise, dit le rapport, il y aura danger sérieux pour l'industrie.

Il n'est aucun de ces rapports qui, chaque année, ne déplore, en commençant, qu'un grand nombre d'établissements, par privilège spécial, échappent à la surveillance et soient dispensés de l'inspection. Ces immunités sont autant d'empiétements sur la loi de 1874, qui, dans le principe, devait s'appliquer à tous les établissements où les enfants sont employés à un travail industriel. Une seule exception était faite en faveur du travail exécuté en famille.

Parmi ces établissements exempts du contrôle, on compte ceux qui sont gérés par l'État, tels que l'Imprimerie nationale, les ateliers d'équipement militaire, les fabriques d'armes et de munitions dépendant des ministères de la guerre et de la marine, les manufactures de tabacs.

On ne peut comprendre les causes qui doivent soustraire ces établissements à l'inspection à laquelle les autres sont soumis. L'État n'est pas un être à part : il représente l'intérêt collectif, c'est vrai ; mais cet intérêt général est représenté par des hommes, c'est-à-dire des intérêts particuliers, en d'autres termes, égoïstes.

Or, les hommes ne sont pas tous humanitaires au même degré, il s'en faut de beaucoup ; ils appellent volontiers sentimentalisme et utopies les idées de solidarité, et se soucient fort peu d'un règlement qu'ils peuvent enfreindre impunément. C'est donc à l'État à donner l'exemple.

La commission supérieure, consultée par le gouvernement à ce sujet, s'est toujours prononcée en ce sens, en insistant sur la nécessité d'exercer la surveillance partout, et sans exception aucune.

Les ministres, tout en reconnaissant la justesse de ces observations, et tout en déclarant que des instructions formelles seraient données aux directeurs de ces établissements pour assurer la complète application de la mesure législative, faisaient, en même temps, valoir les inconvénients qui, selon eux, devaient résulter de l'inspection, surtout en ce qui concerne les fabriques d'armes et de munitions. L'introduction de personnes étrangères, prétendaient-ils, pouvant compromettre la *sécurité nationale.*

Cet argument n'est pas sérieux.

Ceux qui composent l'inspection ne sont-ils pas des Français, et ne les choisit-on pas parfaitement honorables ? S'il en était autrement, il serait aussi sage de se défier des employés.

Refuser l'inspection dans ce cas, c'est vouloir perpétuer les abus.

Indépendamment des établissements de l'État, il y a les établissements religieux : ouvroirs, ateliers de charité, écoles dites professionnelles. Ces œuvres, prétendues religieuses et de bienfaisance, fondées soi-disant dans l'intérêt des pauvres, sont, comme le disent très bien les rapports, de véritables ateliers d'entreprise de travaux à bas prix, où les enfants sont nécessairement surmenés.

Pour mieux m'en assurer et m'en convaincre, j'ai voulu, moi-même, pénétrer dans plusieurs de ces ouvroirs de couture sous le prétexte de faire faire quelques travaux. Quelle ne fut pas ma surprise lorsque je vis toutes les petites filles, qui y sont occupées, atteintes d'ophtalmie ! Ayant demandé, à une des religieuses, la cause de ce mal général, elle me répondit naïvement, sans avoir l'air de se douter de l'énormité de sa réponse : que ces enfants exécutaient des travaux très fins, tels que piqûres, marquage, etc., etc., et que, fatalement, cela provoquait l'inflammation des yeux ; mais, du reste, ajouta-t-elle, cela n'a aucune gravité.

Je repris sévèrement la sœur : car c'était pitié de voir ces petites créatures munies, pour la plupart, d'abat-jour, ne supportant pas la lumière sans éprouver une véritable souffrance.

Comme bien l'on pense, mes observations n'eurent aucune portée. L'inspection n'étant pas admise, que pouvait ma voix isolée ?

En 1880, cependant, pour des abus analogues, et

peut-être pires, l'inspecteur de Marseille, renseigné sans doute par la rumeur publique, dressa un procès-verbal contre le père Arnaud, directeur de l'orphelinat Saint-Pierre. L'abbé Arnaud, comme on peut s'y attendre, fut acquitté, grâce à notre magistrature réactionnaire et cléricale, dont nous avons de nombreuses occasions d'apprécier *l'impartialité* et la *droiture*. Ce jugement *équitable* fut prononcé en première instance à Marseille le 8 juillet 1880, et en appel à Aix, le 11 novembre de la même année. En 1881, cette dispensation de l'inspection amenant des abus de plus en plus caractérisés, les ministres de la justice et du commerce déposaient un projet de loi ainsi conçu : « Article unique : La loi du 19 mai et du 3 juin 1874 est applicable aux maisons de bienfaisance ou d'éducation, aux orphelinats, ouvroirs, ateliers de charité ou autres établissements quelconques employant des enfants ou des filles mineures à un travail industriel à quelque titre que ce soit, et alors même que ce travail serait organisé en vue de l'affectation gratuite ou charitable des produits ou de l'éducation des enfants. »

Ce projet, déposé le 16 mai 1881, voté par la Chambre des députés le 28 mai suivant, n'a *jamais été déposé* au Sénat. La commission a eu beau protester, se débattre, ses vœux ont été stériles.

Des abus du même genre se rencontrent également dans d'autres établissements, tels que : quartiers de correction, colonies pénitentiaires privées.

L'affaire de Porquerolles est l'exemple le plus effrayant des excès criminels auxquels peuvent se porter la cupidité, la sauvagerie humaines, lorsqu'elles sont délivrées de tout contrôle.

On devrait, d'urgence, mettre à profit cette cruelle leçon : car il n'est que temps de faire cesser un si déplorable état de choses, qu'autorise la loi sanctionnée par une jurisprudence trop incontestable jusqu'à présent, et que j'ai qualifié plus haut.

Ces privilèges anormaux, injustement consacrés en haut lieu, soulèvent le mécontentement des industriels soumis à toutes les prescriptions de la loi et auxquels ces établissements font une concurrence d'autant plus redoutable que la main-d'œuvre s'y exécute pour un salaire dérisoire.

Il existe aussi des petits ateliers, groupés autour d'une force motrice, appartenant à un seul propriétaire. Ces ateliers, qu'ont signalés certains inspecteurs et en particulier celui de la X° circonscription de Rouen, sont loués à des ouvriers qui emploient, chacun dans leur industrie, leurs propres enfants. On se trouve ici en présence d'un travail exécuté dans la famille et en faveur duquel la loi de 1874 a établi une exception, et où il est difficile à l'inspecteur de parvenir. — Toujours le culte de la puissance paternelle

Pourtant, bien des travaux exécutés de cette façon sont insalubres et devraient être interdits aux enfants. Nous citerons notamment le travail à sec de la corne, de la nacre et de l'ivoire. Pour changer cette situation, il faudrait que la loi de 1874 fût modifiée.

Voici donc des milliers d'enfants, car l'ensemble de ces établissements n'en comporte pas moins, voici donc, dis-je, des milliers d'enfants qui sont totalement privés de protection et livrés à l'arbitraire de la brutalité et de l'intérêt.

Il est clair que les effets de l'inspection sont des plus restreints, puisque, d'une part, un nombre considérable d'établissements sont dispensés de l'inspection, et que, de l'autre, ceux qui y sont soumis strictement ne se font aucun scrupule de n'en pas tenir compte et d'enfreindre les prescriptions toutes les fois qu'ils le jugent à leur convenance.

Il faudrait, du reste, avoir une forte dose d'illusion pour s'imaginer qu'une organisation aussi défectueuse de l'inspection — vu l'insuffisance numérique de ses membres — puisse garantir une surveillance constante. Qui peut supposer qu'une visite annuelle, faite dans un atelier ou une usine, soit de nature à intimider un industriel, parfaitement persuadé qu'après le départ de l'inspecteur il en a pour un an de tranquillité.

Les infractions sont donc fréquentes. Infraction sur l'instruction, bien que ce soit peut-être sur ce point que la loi est le mieux observée. La plupart de ceux qui s'y dérobent s'excusent en invoquant le manque des écoles relativement au grand nombre des enfants en âge d'être éduqués. Infraction sur la durée du travail, en ce qui regarde surtout les enfants de 10 à 12 ans, et pour ceux de 12 à 15 non munis de certificats et auxquels il n'est permis que six heures de travail par jour.

Ces infractions nombreuses ont été constatées. C'est ainsi que dans la 8ᵉ circonscription de Lille, l'inspec-

teur a rencontré 77 enfants de moins de 12 ans travail-
lant plus de six heures par jour.

Dans les verreries, les amidonneries, les mêmes faits
se produisent. A Amiens, à Rouen, l'inspecteur de cette
dernière ville déclare que, malgré les avertissements,
voire même les procès-verbaux, il a vu *souvent* des enfants de dix ans occupés de *quatre heures et demie du
matin à cinq heures du soir.*

Des observations du même genre sont faites pour les
11ᵉ, 13ᵉ, 16ᵉ, 20ᵉ, 21ᵉ circonscriptions de Rouen. Infraction fréquente aussi pour le travail de nuit. Nous ajoute-
rons à ces fraudes les exceptions permanentes et les
tolérances momentanées, qui sont autant de dérogations
à la loi.

C'est ainsi que l'interdiction du travail de nuit peut
être levée par l'inspecteur ou la commission locale à la
suite de chômage résultant d'une interruption acciden-
telle ou de force majeure.

D'autre part, les usines à feu continu, c'est-à-dire
les verreries, les sucreries, les papeteries et les usines
métallurgiques peuvent employer des enfants le dimanche et la nuit à des travaux indispensables. Pour
les travaux de nuit, il faut que les enfants aient plus
de douze ans.

« Des règlements d'administration publique, nous
disent les rapports, ont déterminé les conditions dans
lesquelles ces travaux doivent être effectués. » Et la
plupart des industries s'y soumettent sans difficulté,
hormis les verreries à bouteilles, où les inspecteurs ren

contrent encore des résistances que nous avons signalées dans les rapports précédents.

Un certain nombre de verriers continuent à alléguer que l'obligation d'arrêter le travail des enfants le dimanche de 8 heures du matin à 6 heures du soir est incompatible avec leur système de fabrication. « En présence de ces protestations répétées, la question a été de nouveau remise à l'étude.

« Nous ferons, en ce qui nous concerne, ajoute le rapporteur, tous nos efforts pour que la solution à intervenir concilie les devoirs de protection des enfants et les intérêts d'une industrie importante. » (Rapport de la commission supérieure.)

Le rapport ajoute qu'en dehors de cette situation particulière à une branche de l'industrie verrière, les inspecteurs n'ont eu à relever qu'un nombre très restreint de contraventions dans les usines à feu continu se rapportant au travail de nuit et du dimanche.

Peut-être cette constatation favorable n'est-elle due qu'aux visites trop espacées des inspecteurs !

A côté des exceptions permanentes, dont jouissent les usines à feu continu pour le travail de nuit et du dimanche, il existe encore des tolérances temporaires pour certaines industries, telles que les fabriques de conserves de poissons des côtes de Bretagne, où, aussitôt débarqué, le poisson doit être immédiatement soumis aux diverses opérations de la salaison, sous peine d'être avarié.

On tolère également chez les pâtissiers et autres industries alimentaires du même genre l'emploi des enfants la nuit et le dimanche, pourvu, dit le rapport, que cette tolérance ne dégénère pas en abus.

Nous savons très bien que dans les cas précités les moyens de vérification manquent le plus souvent, vu le personnel clairsemé de l'inspection. De façon que si l'on ne compte pas plus de contraventions, c'est faute de pouvoir les connaître.

Pour les travaux souterrains, les effets de l'inspection sont à peu près nuls. Les inspecteurs rencontrant les plus grandes difficultés dans les mauvaises volontés, il leur devient impossible de constater les contraventions. Il leur faudrait, pour y parvenir, le concours des gardes-mines, et ceux-ci se montrent très peu disposés à seconder l'inspection.

A Nantes, deuxième circonscription, l'inspecteur, dans une tournée, avait demandé le concours d'un garde-mine, celui-ci en a référé à ses chefs, qui lui commandèrent de s'abstenir. De semblables faits se passent de commentaires.

Sont nombreuses encore les infractions en ce qui concerne le livret, le registre et l'affichage imposés par le législateur comme nécessaires à la sécurité de l'enfant et à l'exécution de la loi, dont chaque fabrique, usine ou industrie quelconque doit avoir le texte.

Mais c'est surtout sur la partie de la loi intitulée : *Travaux dangereux. Salubrité et sécurité des ateliers*, que les contraventions les plus graves ont été relevées, et que le plus grand nombre des procès-verbaux a été dressé.

Comme l'année précédente, dit le rapport de 1885, on

a dû sévir contre de nombreux cas de surcharges. A plusieurs reprises, l'inspecteur divisionnaire avait exprimé le regret de se trouver impuissant pour réprimer les surcharges, lorsqu'elles n'étaient pas le fait du patron.

Il y a donc, à ce point de vue, intérêt à signaler une décision importante rendue par le tribunal correctionnel.

A la suite d'un de ces procès-verbaux, un industriel, auteur de la surcharge, a été condamné à 50 francs d'amende, bien qu'il ne fût pas le patron de l'enfant surchargé. Divers cas de surcharges ont été également réprimés dans les autres circonscriptions. Dans la dixième circonscription — Rouen — dans la douzième circonscription — Nantes — dans la treizième circonscription — Angers — dans la dix-septième circonscription — Nîmes, les industriels et commerçants ont été invités à se conformer à la loi.

Enfin l'inspecteur de la dix-huitième circonscription, Marseille, demande que dans le département des Bouches-du-Rhône et des Alpes-Maritimes les agents de police soient chargés de dresser des procès-verbaux pour les nombreux cas de surcharge qui se produisent.

Comme travaux excédant les forces des enfants, les inspecteurs ont dû également sévir dans divers établissements où les enfants étaient employés comme force motrice.

La salubrité des ateliers, leur sécurité et les établissements dangereux sont autant de points où la loi a singulièrement à reprendre malgré les soins des inspecteurs.

7.

C'est ainsi que, malgré de certaines améliorations apportées à l'outillage et à divers perfectionnements de nature à assurer la sécurité des ouvriers, le nombre des accidents arrivés à des enfants est encore considérable.

Il y a eu, en 1885, 182 accidents d'enfants au-dessous de seize ans, dont plusieurs suivis de mort. Ce chiffre est un peu inférieur à celui de l'année 1884, élevé à 197. (Rapport de 1885.)

Il est malheureusement certain qu'il ne représente pas la totalité des accidents arrivés à des enfants dans cette dite année 1885. Les industriels s'efforcent autant que possible de cacher les catastrophes qui se produisent dans leurs établissements.

D'autre part, plusieurs inspecteurs, comme dans les années précédentes, se plaignent que les préfets, et surtout les parquets négligent de les informer des accidents portés à leur connaissance. Des instructions formelles ont cependant été adressées à ce sujet à plusieurs reprises (Rapport de 1885.)

Il est véritablement honteux que les interprètes de la loi soient les premiers à ne pas l'appliquer. A juger l'ensemble des résultats obtenus, nous sommes contraints d'avouer que, malgré la vigilance et le zèle dont peuvent faire preuve la plupart des inspecteurs dans l'exercice de leurs fonctions, le principal obstacle à l'application de la loi de 1874, c'est l'opinion publique qui n'est pas suffisamment pénétrée de la nécessité de la protection. Elle a tendance à la considérer comme arbitraire, vexatoire surtout pour les parents, dont elle diminue, suivant eux, la *légitime* autorité consacrée par le code.

C'est donc le code qu'il faut atteindre afin que la législation soit d'accord avec la nouvelle mesure.

C'est ce que je n'ai jamais cessé de dire et que je ne cesserai de répéter, jusqu'à ce que ce vœu soit réalisé.

# LA DÉPOPULATION

Depuis quelques années, un cri d'alarme a été jeté et a ému toute la France. Le mot de dépopulation a été prononcé ; il a retenti dans tous les cœurs. On a dit : la natalité diminue, la France se réduit, c'est un signe de décadence.

« Voyez les autres peuples, a-t-on ajouté — et on a particulièrement désigné l'Allemagne — ils s'accroissent, se multiplient, grâce à leur faculté prolifique. Et bientôt le territoire national devient trop étroit pour les contenir. Exubérants, ils débordent, franchissent les frontières, se répandent au dehors et couvrent les divers continents. Là, par des alliances, ils infusent de leur sang dans chacune des races, ils les pénètrent, leur communiquent quelque chose de leur tempérament ; ils leur transmettent leurs idées, leurs mœurs, leurs coutumes, enfin exercent sur eux une influence permanente et impriment partout leurs caractères ethniques.

« Ils représentent donc un élément considérable de domination. Tandis que nous autres, pauvres Français, du train où nous allons, nous serons bientôt absorbés, submergés et, d'après les statistiques, appelés à disparaître dans un avenir relativement prochain, si nous continuons. »

Ces pronostics sinistres sont suivis de preuves à l'appui. On cite 34 départements où la population est décroissante. Si l'on compare les statistiques de 1836 et de 1881, on voit que 26 départements qui, à la première de ces deux époques, avaient ensemble une population de 9,189,000 habitants, n'en ont plus maintenant que 8,539,000, soit en 45 ans une réduction de 648,000 habitants.

La nation française, devenant de plus en plus inféconde, l'étranger nous envahit et vient prendre sur notre sol la place de nos nationaux.

Les ouvriers italiens et espagnols affluent dans le midi de la France, les ouvriers belges dans le nord, les commis et les artisans allemands à Paris et dans les régions de l'est. Depuis vingt ans, le nombre des étrangers non naturalisés s'élève à 1,100,000 individus. Nous sommes donc en droit de concevoir une inquiétude patriotique, et de rechercher les causes de la stérilité française.

Quand l'instinct génésique s'affaiblit, quand l'irrésistible attraction de la transmission de la vie perd de son intensité, quand le désir de léguer à un être sorti de soi-même, non seulement le fruit de ses travaux, mais encore de ses idées, de ses sentiments, de ses amours et de ses haines, lorsque, dis-je, ce désir est émoussé, il faut qu'il y ait des raisons majeures.

Certes, on ne peut pas invoquer une dégénérescence physiologique, un affaiblissement dynamique.

Aussi a-t-on mis en avant la soif du bien-être. l'amour effréné du luxe, l'orgueil familial, qui ne veut point diviser la patrimoine, l'exagération du sentiment paternel, jaloux d'assurer le bonheur d'un unique enfant, la coquetterie des femmes, etc. Tous ces motifs existaient de tous les temps, ils ne suffisent donc pas à expliquer la situation présente.

Pour se rendre compte de l'état actuel, il faut se reporter par la pensée à une époque antérieure où les opinions sur l'accroissement de l'espèce humaine étaient tout autres.

On considérait alors l'excédent de population comme une source de ruine et de révolution.

Il y a quinze ou vingt ans, avant nos calamités nationales, de braves gens vous racontaient très sérieusement que, devant l'encombrement du pays, par l'extension de ses membres, il fallait de temps à autre qu'une bonne petite calamité se produisît, soit naturelle, soit factice : telle qu'une épidémie, une guerre, pour dégager la place et faire disparaître ceux qui étaient de trop.

Ces braves gens jugeaient cette extrémité comme une nécessité historique. Et s'ils s'exprimaient ainsi sans vergogne et sans scrupule, c'est que des économistes distingués avaient, au nom de leurs études et de leur expérience acquise, constaté que la fécondité humaine surpassait de beaucoup la fécondité de la terre, et que cette disproportion entre les deux termes devait engendrer fatalement le dénuement, la misère.

Suivant Malthus, la race humaine peut croître dans une progression géométrique : 1, 2, 4, 8, 16, 32, etc., etc., etc. Tandis que les moyens de subsistance ne peuvent s'augmenter que dans la progression arithmétique : 1, 2, 3, 4, 5, etc. D'après cette découverte de la science économique, il est sage, il est pratique de mettre la population au niveau des moyens d'existence.

Ce qu'il y a de singulier, c'est que pendant ce temps les prêtres catholiques continuaient et continuent de prescrire à leur clientèle dans les confessionnaux l'observance du précepte divin : Croissez et multipliez. Et qu'ils déclarent que la contrainte morale est une transgression à la loi du Seigneur, en conséquence un péché mortel.

Mais, en dépit de leurs objurgations et de leurs anathèmes, la théorie scientifique l'a emporté chez les esprits éclairés sur l'enseignement chrétien. Observation faite, on a reconnu que tous ne trouvaient pas leurs couverts mis au banquet de la vie.

> Au banquet de la vie, infortuné convive...

La concurrence vitale, la sélection, sont venues réduire à néant les affirmations évangéliques mentionnant une Providence dont la mission consiste à garantir la pâture aux êtres les plus chétifs.

Il suffit de jeter un coup d'œil sur la nature pour s'apercevoir bien vite qu'elle paraît avoir plus de souci de la conservation de l'espèce que des individus. Pour arriver à ses fins, elle prodigue les germes, elle les répand à profusion, pensant que de cette quantité, il en restera toujours assez. Que d'exemplaires gaspillés, perdus, que d'êtres à l'état d'ébauche, naissent, végètent, meurent avant de parvenir à leur entière éclosion! La nature a atteint son but, l'espèce résiste, se perpétue. Les procédés employés sont cruels, peu lui importe!

C'est à nous, alors, individus, grâce à notre raison et à la science, à atténuer ce que ce système a de dur et d'injuste.

Évidemment, les économistes ont poussé trop loin leur pessimisme.

Ils ont tiré, d'une situation qui n'est pas définitive, des conclusions prématurées.

D'abord, il n'est pas exact que toute la terre soit cultivée, donc on n'en peut évaluer le rendement total. Ensuite, il n'est pas exact que la partie cultivée le soit de la façon la meilleure, la plus intelligente. Les gens compétents réclament sur ce point. La science n'a pas dit son dernier mot, et, présentement encore, la culture s'obstine à ne pas bénéficier de ses découvertes. Nous ne doutons pas, non plus, que, grâce à des moyens de conservation alimentaire et à la rapidité des transports, la surabondance des biens de certaines contrées ne parvienne chez celles qui en sont dépourvues.

Nous sommes donc en droit de rectifier quelques-unes des affirmations de nos économistes, ce qui n'empêche pas que leur opinion n'ait prévalu.

La classe la plus instruite en a fait son profit. La première, elle a usé de la contrainte morale. Aux prises avec les difficultés de la vie, avec la cherté des objets de consommation, elle a résolu de limiter le nombre de ses rejetons dans la famille. Elle a tenu en grand mépris le prolétariat qui sème la vie autour de lui sans avoir cure des conditions nécessaires à son entretien, à son développement, à sa durée.

De là, elle a inféré que la misère est la conséquence logique de ce surcroît désordonné de naissances, et que le prolétaire ne devait s'en prendre qu'à son imprévoyance, source de toutes ses privations.

Ici, la bourgeoisie s'est conféré un brevet de sagesse bien gratuitement. Car si elle se montre si circonspecte et si réservée dans le mariage, il n'en est pas de même en dehors. Elle a su chercher et trouver dans une classe que, fort à tort, elle considère comme au-dessous de la sienne, des objets de plaisir à bon compte et sans responsabilité. — La recherche de la paternité étant interdite. — Or, l'interdiction de la recherche de la paternité est un des facteurs les plus sûrs et les plus funestes de la dépopulation. Je n'en veux pour exemple que les nombreux avortements et infanticides que chaque jour nous révèle, et encore ne connaît-on que ceux qui sont dénoncés à la justice.

Telles ont donc été jusqu'ici les opinions et les mœurs en cette matière.

Aujourd'hui que nous subissons les suites des malheurs qui ont accablé la patrie en 1870, il s'est opéré une évolution dans nos idées. Devant les émigrations des peuples étrangers, qui déversent leur trop-plein ailleurs que chez eux, et le déficit que nous occasionne la perte de deux riches et populeuses provinces, la crainte s'empare de nous, et elle s'augmente à la vue du chiffre exigu des naissances. Nous pensons, non sans justesse, qu'en cas de conflit extérieur notre infériorité numérique pourrait bien nous jouer quelque mauvais tour. Je sais que longtemps on s'est leurré en France en s'arrogeant la qualité, sinon la quantité; mais nous commençons, Dieu merci! à revenir de cette vanité nationale.

Dans ce nouvel état d'esprit, l'infécondité française nous fait l'effet d'un désastre ; nous accusons la nation de manquer de patriotisme. Quoi ! par excès d'égoïsme, elle refuse des défenseurs du sol natal !

Ce revirement dans la manière de voir dénote un manque de pondération dans le cerveau.

Ce n'est pas tant la natalité restreinte qu'il faut signaler comme un danger — il naît encore assez d'enfants — mais bien plutôt leur fin prématurée ; ils meurent faute de soins, la misère les tue. Notre société ne l'ignore pas, et pourtant elle est civilisée ! Seulement, il faut dire que les civilisations actuelles, de l'orient à l'occident, ne sont toutes, permettez-moi cette comparaison familière, que des dessus de panier. Elles sont toutes, sans exception, plus apparentes que réelles. A la surface, l'abondance, la prospérité, le bien-être ; au fond, l'indigence, la sordidité ; à l'extérieur, les phrases sonores, les grands sentiments, les dévouements sublimes ; au dedans, l'indifférence, l'égoïsme, l'exploitation.

Pourquoi donc appeler d'autres êtres à la vie s'ils sont à l'avance voués à la souffrance ?

Et cependant l'enfant est la substance des sociétés, l'élément de l'avenir ; il continuera notre œuvre, rectifiera nos erreurs. Qu'il soit donc le bienvenu, que sa naissance pour nous soit une fête de la vie, c'est une nouvelle force qui surgit. Que la porte par laquelle il entre soit régulière ou irrégulière, légale ou illégale, peu importe ! La grande loi naturelle, qui entraîne tous les êtres vers l'acte générateur, est mille fois supérieure à toutes les conventions, à tous les règlements des hommes.

Comment cette société ose-t-elle renier ces enfants qui ne sont, en somme, que les conséquences vivantes de ses passions et de ses faiblesses?

On nous oppose, comme une objection péremptoire, que la certitude d'être exemptes de charges engagera les masses prolétaires à multiplier les naissances licites et illicites, et que la société débordée ne sera plus en mesure de satisfaire à ce surcroît de frais et de dépenses,

Nous répondrons d'abord que l'État doit avant tout admettre la recherche de la paternité, et qu'il est suffisamment armé pour obliger les parents à subvenir aux besoins de leurs enfants en proportion de leurs ressources. Si, seulement, il y a impossibilité, l'État fera les sacrifices nécessaires. De sa part, ce ne sera qu'une avance; à la fin, il y trouvera son compte : au point de vue humanitaire, au point de vue moral, au point de vue économique.

Je n'ai point à démontrer ici le devoir que l'humanité impose. Il est odieux, il est infâme de laisser en proie à la détresse un être, notre semblable en germe, qui ne peut rien par lui-même et qui attend tout de la famille et de la société.

Quant au côté moral, il se relie intimement au côté économique. Et, pour me faire mieux comprendre, éloignons, pour un instant seulement, la question de *fraternité*, de *solidarité*. Concentrons-nous uniquement sur la question d'intérêt bien entendu, terrain où tout le monde se retrouve.

8.

Quand nous sommes prévoyants, que faisons-nous ?

Pour établir notre sécurité et nous garantir de certains fléaux préjudiciables à notre fortune, nous avons recours à des assurances. Nous nous assurons contre l'incendie, contre la foudre, contre la grêle, enfin contre des accidents de toute espèce. Il ne s'agit là que de parer à des éventualités. Chacun de nous a de fortes chances pour n'en n'être pas victime. Ces catastrophes sont d'un ordre contingent ; il n'en est pas moins vrai que, pour être tranquilles, nous faisons des sacrifices d'argent assez considérables. Mais nous ne pensons pas qu'il y a un fléau bien plus terrible, bien plus redoutable, dont nous sommes menacés à toute heure, c'est le paupérisme affamé qui lance sur la société toute une meute d'appétits déchaînés, d'autant qu'ils n'ont jamais été satisfaits dans ce qu'ils ont de plus légitime. C'est là le péril du présent. L'avenir est représenté par une légion d'enfants livrés aux privations, à l'ignorance, au vagabondage, à la mendicité. Sans doute, l'assistance publique essaye de faire en ce moment quelque chose en leur faveur, mais c'est dans une si petite proportion que les résultats en seront longtemps insignifiants. Il faudrait, pour en obtenir de sérieux, un élan unanime qui n'est pas près de se produire.

Nous aurions pourtant tout avantage à élever ces jeunes générations suivant les lois de l'hygiène, à cultiver leur cœur, leur intelligence, leur conscience, et à exercer, petit à petit, leur activité dans le sens d'un travail convenablement rémunérateur. L'éducation, personne ne le contestera, entre pour une grande part dans la formation du caractère.

Sans doute, il est des natures rebelles dont l'organisme est défectueux, le cerveau mal construit ; chez lesquelles les instincts pervers et destructeurs l'emportent sur les bons ; ceux-ci sont des exceptions. Peut-être, du reste, ont-ils été victimes d'un développement anormal faute des soins et des attentions que réclame le premier âge. On ne peut ignorer qu'une mauvaise hygiène, un défaut d'alimentation, une série de privations peuvent amener chez l'enfant des déformations, des déviations.

Les organes s'altèrent et s'atrophient durant la période de la croissance au lieu de se développer.

Il nous faut donc surveiller dès le début le petit enfant, afin qu'il croisse dans des conditions sanitaires. Les phénomènes psychiques sont sous la dépendance des phénomènes physiologiques : *Mens sana in corpore sano.*

L'intérêt social commande que ces jeunes recrues soient robustes, vigoureuses, énergiques.

Bien élevées, au physique comme au moral, elles entreront dans l'adolescence mieux équilibrées, mieux préparées, initiées qu'elles seront déjà par un enseignement spécial aux devoirs de la vie collective et aux bienfaits qui en découlent. Chaque sujet choisira, suivant ses aptitudes et ses capacités, une carrière ou un état. Dans ce dernier cas, les écoles professionnelles le préserveront de l'influence démoralisatrice des ateliers.

Alors on pourra facilement réaliser des économies.

Il sera permis de supprimer sans risque un certain nombre d'établissements pénitentiaires et de maisons de correction, usines de vices et de crimes. On devra supprimer aussi des prisons dont l'édification coûte très cher, ainsi que l'entretien des prisonniers. Qu'on dépense donc tout l'argent qu'on voudra à faire des honnêtes gens au lieu de l'employer sottement à entretenir des coquins.

Consacrons donc à une œuvre si utile, si éminemment sociale, ce qui est gaspillé dans l'administration et le fonctionnarisme, ainsi que dans des aventures extérieures qui ne sont que des mésaventures.

On nous parle de l'opportunité de la loi sur les récidivistes. Mais je trouve infiniment plus opportun, puisque opportunisme il y a, de conjurer le premier délit. Car la première faute est génitrice de toutes les autres.

Il y a pour la République un beau rôle à jouer. Ce que la religion et la monarchie n'ont voulu ni n'ont pu faire, la République peut le réaliser, grâce aux principes de vérité et de justice sur lesquels elle se base.

Comment donc s'est comportée l'Église à l'égard de la misère ? En a-t-elle recherché les sources, s'est-

elle efforcée de les tarir? Loin de là, elle l'a éten-
due, entretenue, elle en a fait un objet de réclame.
Elle exploitait un passage de l'Évangile dont elle
falsifiait la rédaction à dessein : *Il y aura toujours des pauvres parmi vous.* Ceci lui donnait
l'occasion de faire montre de charité. Elle distri-
buait des soupes à quelques mendiants des routes.
C'était le bon temps! Elle prenait des millions et
donnait un potage. Beaucoup feraient l'aumône à
ce prix.

En somme, elle trouvait dans la misère, qui
implique l'ignorance, la superstition, la servilité,
un élément de domination précieux.

L'Église se chargea quelque temps des enfants
abandonnés, mais bientôt elle se dégagea de ce
fardeau trop lourd, disait-elle, et elle mit en demeure les communes d'avoir à pourvoir à leur
entretien.

Quant à la monarchie, procédant des mêmes
doctrines, elle a considéré le paupérisme comme
un instrument de corruption gouvernementale. Le
paupérisme fait des sujets, non des citoyens.

La République, qui a en vue la transformation
de l'état social dans le sens de l'amélioration et du
perfectionnement, doit s'appliquer à étudier les
causes de la misère. Elle la trouve en partie dans
cette enfance abandonnée et livrée aux hasards de
la voie publique. Elle veut donc s'emparer de
cette force flottante et la diriger vers un but déterminé qui soit la fondation définitive *de la liberté,*

*de l'égalité et de la fraternité.* Devise qui, jusqu'à présent, n'a été inscrite que sur les monuments. Elle veut créer une éducation civique, républicaine, nationale. Et c'est justement cette enfance, assistée par elle et placée sous sa surveillance tutélaire, qui, soustraite à l'arbitraire et aux préjugés de la famille, bénéficiera des effets d'une méthode salutaire. Il y a là un terrain des plus favorables aux nouvelles semences, n'ayant été épuisé par aucune culture. L'enseignement de la vie sociale, avec ses devoirs et ses droits, sera libéralement donné à tous ainsi que les connaissances nécessaires. Toute capacité se produira à la lumière, aucune ne sera perdue ; car toutes seront auscultées et mises en demeure de faire leurs preuves. Cet apport nouveau de forces vives fera une utile concurrence aux classes dites dirigeantes.

On s'élève beaucoup depuis longtemps contre la bourgeoisie. Comme j'en fais partie moi-même, je puis me prononcer à son égard et formuler mes critiques en toute liberté, sans être soupçonnée de jalousie.

Depuis le commencement du siècle, la bourgeoisie décline, ses qualités s'amoindrissent et ses défauts s'accentuent. Autrefois, elle a rendu de grands services, l'histoire l'atteste. Elle a été le champion éloquent et disert de la liberté; elle a été l'adversaire du privilège, et elle l'a glorieusement vaincu. Mais à son tour, grisée par le succès, elle s'est constituée *privilège.* Elle s'est imaginé que ses mérites, ses talents, ses vertus, s'étaient accumulés de génération en génération, suivant la loi de l'hérédité ; elle a cru que cette accumulation formait un capital légitimement acquis, lui conférant le monopole de la capacité, et qu'à elle revenait la direction des affaires. Elle a cru que ses fils, seuls, étaient appelés à l'instruction, et qu'une fois instruits, l'État n'avait rien de plus pressé que de les caser honorablement et brillamment.

L'État a répondu plus d'une fois : « Nos cadres sont pleins ; » la bourgeoisie a riposté : « Créez-en d'autres. » De là l'abus et l'extension du fonctionnarisme. Jusqu'ici, la bourgeoisie, maîtresse du terrain, n'a pas eu à subir de compétitions sérieuses.

Il est temps que l'intervention des nouvelles couches sociales, fortement munies, fortement préparées, vienne combattre ce monopole qu'elle s'est arbitrairement arrogé, et lui fassent comprendre qu'au début de la vie les chances de parvenir doivent être rendues à peu près égales pour tous.

Pour arriver à cette fin, il faut que l'éducation que donne l'État à l'enfant commence dès sa naissance ; qu'elle s'occupe d'abord de la première période dite d'allaitement ou d'alimentation et de nutrition initiale, époque très importante, très décisive, car elle est la base fondamentale de toute vie et la garantie de la santé pour l'avenir. Toute hygiène ultérieurement appliquée ne pourra jamais

avoir raison des tristes effets d'une enfance mal
soignée.

Que les établissements d'asiles maternels laïques
se multiplient donc. Là, toutes les jeunes générations pourront se développer, sans exception, dans
les conditions les meilleures. Nous ne saurions
trop féliciter les organisateurs de la crèche laïque
du XIII<sup>e</sup> arrondissement, ainsi que la présidente,
M<sup>me</sup> Cantagrel, de leur généreuse initiative; leur
exemple sera suivi.

Ces asiles maternels, fondés par des républi-
cains, sont exclusivement laïques. Les parents qui
y confient leurs enfants sont délivrés de l'obsession
cléricale, et les enfants préservés des soins inintel-
ligents donnés par des éducateurs ignorants et
superstitieux.

C'est ainsi que la République réagira contre la
soi-disant dépopulation, moins en multipliant les
naissances qu'en exerçant une vigilance maternelle et judicieuse sur les berceaux. Elle fournira
à la patrie française une jeune garde composée de
citoyens robustes de corps et d'esprit, et, suivant
toute éventualité, bien capable de la défendre
contre les manœuvres du dedans et les entre-
prises du dehors.

# TABLE DES MATIÈRES




Paris. — Soc. d'Imp. Paul Dupont (Cl.) 783.11.86.